Pour Ella Barthomier.

Conception graphique : Studio Bayard Éditions

18 rue Barbès – 92128 Montrouge Cedex
ISBN : 978-2-7470-4386-1
Dépôt légal Septembre 2013 - Deuxième édition - tirage : Avril 2014

Loi n° 49-956 du 16 juillet 1949 sur les publications destinées à la jeunesse

Imprimé en Slovénie

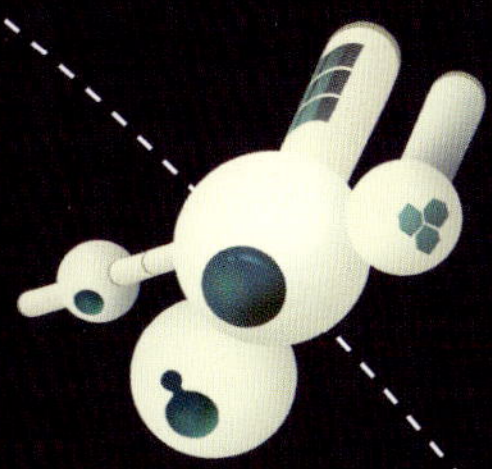

DANS QUEL MONDE VIVRONS-NOUS DEMAIN ?

Luc Ihaddadène

Illustrations de Romain Trystram

SOMMAIRE

Pour Landry 2014
Noël

DANS QUEL MONDE VIVRONS-NOUS DEMAIN ?

En route vers le futur !

Prédire le futur, c'est l'un des plus anciens rêves de l'humanité. Quel frisson d'imaginer lire l'avenir ! Malheureusement – ou heureusement peut-être – la boule de cristal n'existe pas. Les devins, astrologues et autres voyants n'ont pas le pouvoir qu'ils déclarent posséder.

Pourtant, ce livre prétend lui aussi raconter le futur. Est-ce l'œuvre d'un charlatan ? Pourquoi faudrait-il y croire ? Certes, personne ne peut prédire l'avenir. Mais il est possible de prévoir certaines choses. Par exemple, l'augmentation de la population dans le monde, le réchauffement global du climat de la Terre, les progrès de certaines technologies... C'est ce qu'on appelle la prospective. Ce n'est pas une science exacte, mais une manière d'anticiper l'avenir, en s'appuyant sur l'observation du temps présent.

Car le futur existe déjà, en partie ! Dans les laboratoires, les universités, les entreprises, des scientifiques, des ingénieurs, des penseurs préparent le monde de demain en réfléchissant à l'avenir de la planète, en inventant de nouvelles technologies, en cherchant de nouveaux traitements contre les maladies... Le futur se construit aussi sous nos yeux : il suffit d'observer les villes africaines s'étendre à toute vitesse, la forêt d'Amazonie ou la banquise du pôle Nord se réduire à vue d'œil, le mode de vie des Chinois progresser, l'espérance de vie moyenne des humains s'accroître peu à peu...

Le monde de demain – on le sait – devra être plus écologique, utiliser des énergies plus propres, gaspiller moins pour protéger la planète. Il sera aussi encore plus connecté qu'aujourd'hui : même les objets communiqueront entre eux. Et on peut facilement s'attendre à ce que la Chine, puis l'Inde, dominent bientôt l'économie mondiale, au détriment de l'Europe et des États-Unis.

Ce livre fait donc le pari fou de raconter l'avenir en s'appuyant sur les évolutions du monde d'aujourd'hui et en repérant les technologies les plus prometteuses qui ont toutes les chances de faire bientôt partie de notre vie quotidienne. Bien sûr, l'avenir déjouera forcément les prévisions. Mais certaines tendances se vérifieront. Et vous-mêmes, les ados d'aujourd'hui, pourrez vous amuser dans quelques années à comparer les scénarios futuristes que vous allez lire avec la réalité que vous allez vivre... et construire.

Et en attendant, rêver le futur, chercher à comprendre à quoi ressemblera le monde de demain, c'est un formidable moyen de réfléchir au monde d'aujourd'hui, de cultiver sa curiosité, sa conscience écologique et solidaire. Imaginer l'avenir de la planète, c'est aussi bien utile pour préparer son propre avenir, nourrir ses envies de métiers et son désir de changer le monde pour le rendre meilleur.

HABITER LA PLANÈTE VERTE

Gardens by the Bay – Singapour
© Shutterstock / joyful

LE FUTUR, À DOMICILE

2050 : LA MAISON ÉCOLOGIQUE

Il est 19 heures, jeudi 9 juin 2050. Dehors, c'est la canicule : il fait 29°C à l'ombre. Mais dans cette résidence de Saint-Denis, un quartier plutôt chic du Grand Paris, personne ne se plaint de la chaleur. L'air est frais dans toutes les pièces. La maison conserve naturellement la fraîcheur en été et la chaleur en hiver, sans chauffage ni climatisation.

En cette année 2050, tous les bâtiments sont écologiques. En effet, en pleine période de réchauffement climatique, protéger la planète est devenu obligatoire. Les maisons fabriquent elles-mêmes l'énergie dont elles ont besoin, grâce à des éoliennes et des panneaux solaires notamment. L'eau, si rare et si précieuse, et les déchets sont systématiquement recyclés.

Mais la maison du futur est aussi un bijou de confort et de technologie. Les meubles sont « intelligents » ; les fenêtres se lavent toutes seules ; l'éclairage et la température se règlent automatiquement. Les murs, les tables et les vitres peuvent se transformer en écrans. Et, pour se servir de toutes ces technologies, il suffit de donner des ordres à voix haute !

Isolation parfaite

Les murs sont construits dans un bois issu de forêts exploitées de manière écologique, qui a été traité pour résister au feu, à l'humidité et aux insectes. Ils sont recouverts d'une fine pellicule invisible de matière isolante qui protège la maison du chaud et du froid. Ainsi, la température intérieure est toujours idéale. Les murs et les vitres sont aussi équipés de capteurs, comme les panneaux solaires, qui fabriquent de l'électricité à partir des rayons du soleil.

Piscine naturelle

En été, on peut piquer une tête au milieu des nénuphars et des grenouilles. La piscine est installée au milieu d'un jardin de plantes d'eau dans lequel de petits animaux nettoient l'eau naturellement en absorbant les impuretés. L'eau est également filtrée et sa température peut être réglée mais elle ne contient pas de produits toxiques.

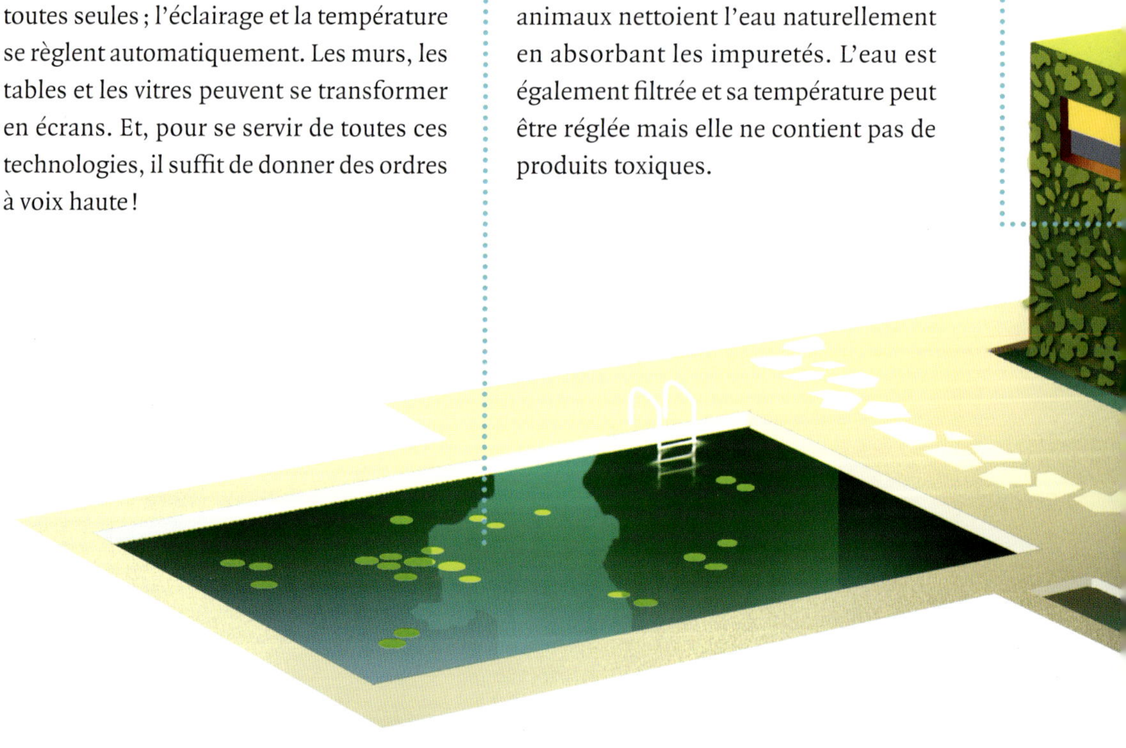

Mini-éolienne

Sur le toit, une petite éolienne, discrète mais très efficace, fabrique de l'électricité grâce au vent. L'énergie produite est suffisante pour couvrir l'essentiel des besoins de la maison.

Toit végétal

Le toit ressemble à un jardin, avec ses fleurs et ses petits arbustes. C'est joli, mais c'est surtout très utile. Les plantes absorbent la pollution de la ville. Elles permettent aussi d'isoler la maison en la protégeant du chaud et du froid. Le toit est aussi capable de récupérer l'eau de pluie pour alimenter la salle de bain. On y trouve même une ruche : les abeilles fournissent du miel aux habitants de la maison.

Vitres magiques

Aujourd'hui, le soleil frappe fort. Pour repousser la lumière, les vitres s'assombrissent comme des lunettes de soleil. En hiver, au contraire, elles attirent le plus de lumière possible. Et la nuit, au moment de se coucher, elles deviennent complètement opaques. Elles peuvent aussi servir à projeter des images, par exemple pour visionner les photos de ses vacances sur toutes les vitres du salon. Et, comme elles se nettoient toutes seules, elles sont toujours bien transparentes.

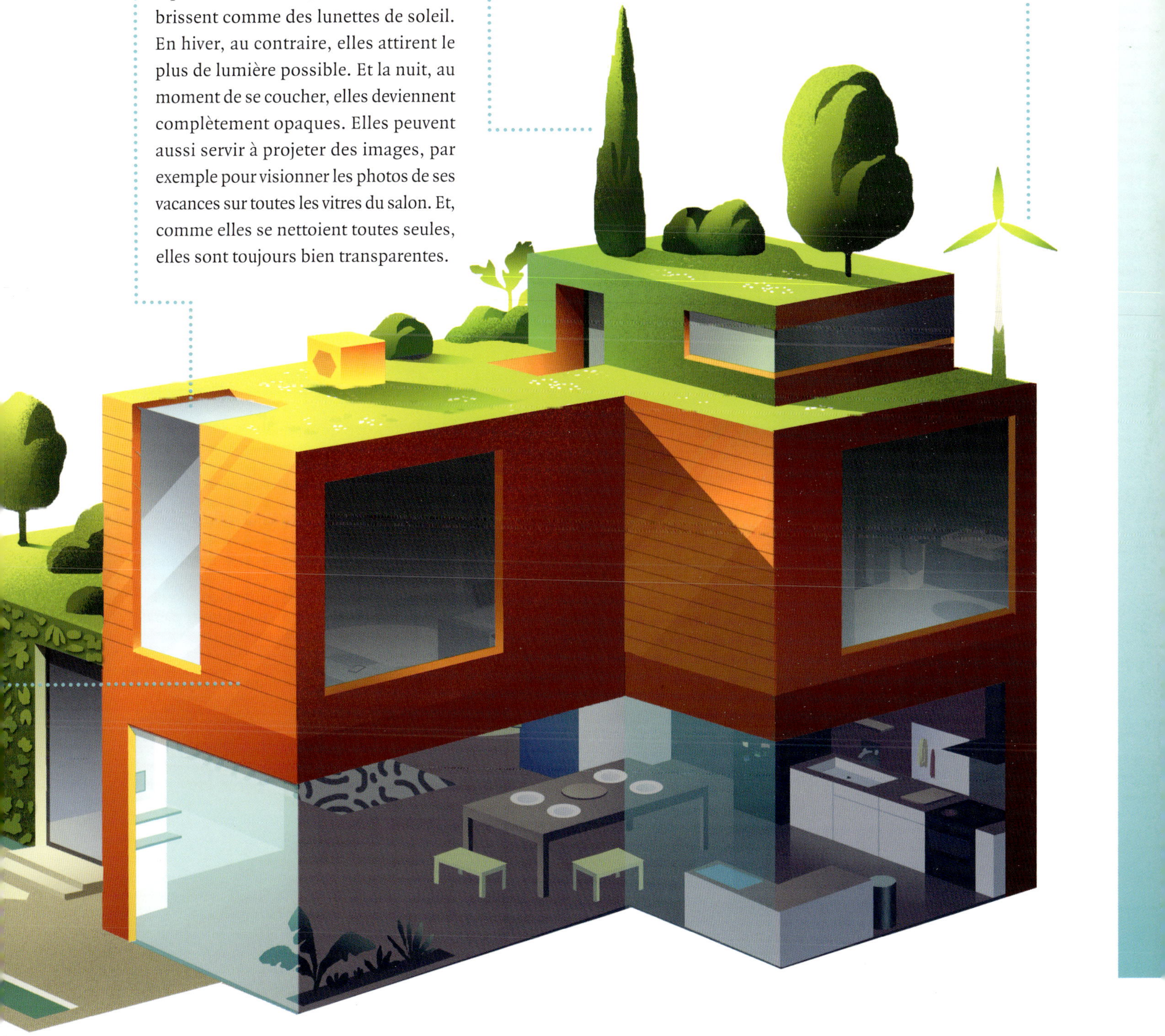

LA MAISON INTELLIGENTE (1)

Porte d'entrée

Il est 19 heures. Pannonica, la maman, rentre de sa journée de travail. La porte d'entrée la reconnaît immédiatement et s'ouvre devant elle, en désactivant l'alarme. Tout de suite, sur la droite, une partie du mur s'allume. Un écran « invisible apparaît », indiquant qui se trouve en ce moment dans chaque pièce de la maison, et les courriers électroniques du domicile : facture d'eau, facture d'alimentation, impôts... « Oh, pas maintenant ! », soupire Pannonica. L'écran s'éteint et elle se dirige vers le salon.

Dans un futur proche, les objets seront capables non seulement de nous détecter mais aussi de nous identifier personnellement. Les clés auront tout simplement disparu.

Salle de bain

Lester, le papa, prend une douche de vapeur d'eau. Ce système dépense très peu d'eau : moins d'un litre toutes les 5 minutes. Dans la cabine de douche, un miroir affiche de nombreuses informations, par exemple le poids de Lester et les objectifs du régime qu'il a décidé de faire. Le miroir indique aussi la température de l'eau et surtout la consommation : « 2,1 l. ». C'est assez : « Stop », murmure Lester. L'eau s'arrête et la porte s'ouvre. Lester attrape son peignoir en réclamant à voix haute le lancement de sa playlist musicale « rock classique ». Et tandis que la musique commence, la salle de bain récupère et recycle l'eau utilisée, y compris les microgouttes qui sont contenues dans l'air humide de la pièce.

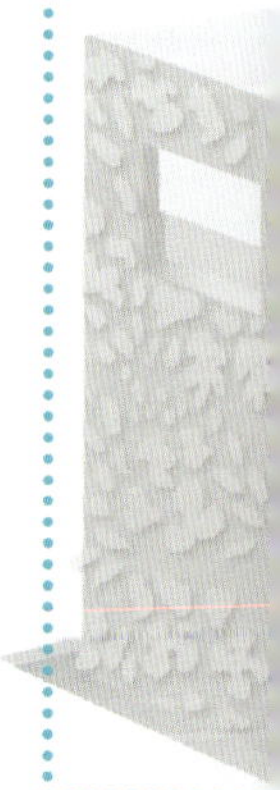

L'eau est aujourd'hui très précieuse. En 2050, elle risque d'être encore plus rare. Les technologies nous aideront à l'économiser, comme cette douche futuriste qui dépenserait 20 fois moins qu'une douche normale des années 2010, mais il faudra malgré tout continuer à surveiller sa consommation pour éviter le gaspillage.

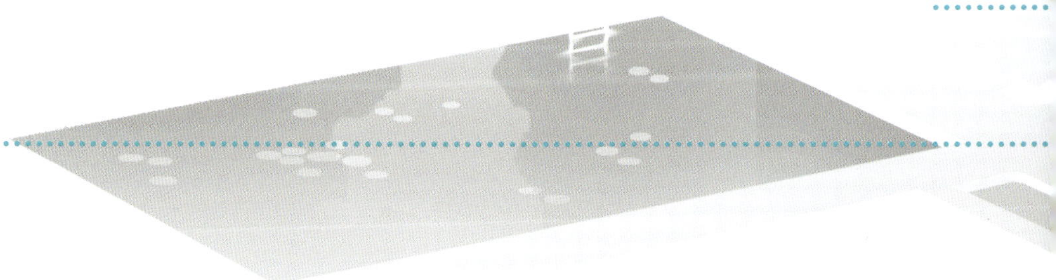

Chambre d'ado

Ella, 11 ans, vient de voir que sa mère est rentrée. Vite ! Elle déconnecte le jeu vidéo multi-joueurs qui absorbe son attention depuis une heure, de peur de se faire disputer. L'écran qui couvre tout un mur de la chambre affiche maintenant les amis qui sont en ligne sur son réseau social. « Sidonia, Derek, Mehdi », demande Ella. Le visage grandeur nature – ou plutôt l'avatar dessiné en 3D – de ses trois camarades de classe s'anime à l'écran. Ensemble, ils discutent du travail à faire pour le lendemain. D'un geste, Ella connecte son bureau. Sur toute la surface de la table, un écran s'allume au centre duquel clignotent les exercices de maths à terminer ce soir. Au programme : le théorème de Pythagore. Décidément, certaines choses n'ont pas changé depuis un siècle !

Bientôt, l'ordinateur n'existera plus en tant que tel, remplacé par une multitude d'objets mobiles et d'écrans connectés en permanence. Certains seront devenus ultrafins et flexibles comme une feuille de papier. Ils pourront même couvrir de larges surfaces,comme un mur ou une table, à condition qu'ils consomment peu d'énergie.

Robot-chien de compagnie

Shifu, le chien qui traîne dans les couloirs de la maison, ressemble à s'y méprendre à un véritable animal, en chair et en os. En fait, Shifu est un robot. Il parle le langage des humains. Il peut même jouer avec eux à des jeux vidéo ou aux échecs. Il joue aussi un rôle dans la sécurité de la maison, grâce à des capteurs qui détectent les dangers, comme la fumée d'incendie par exemple.

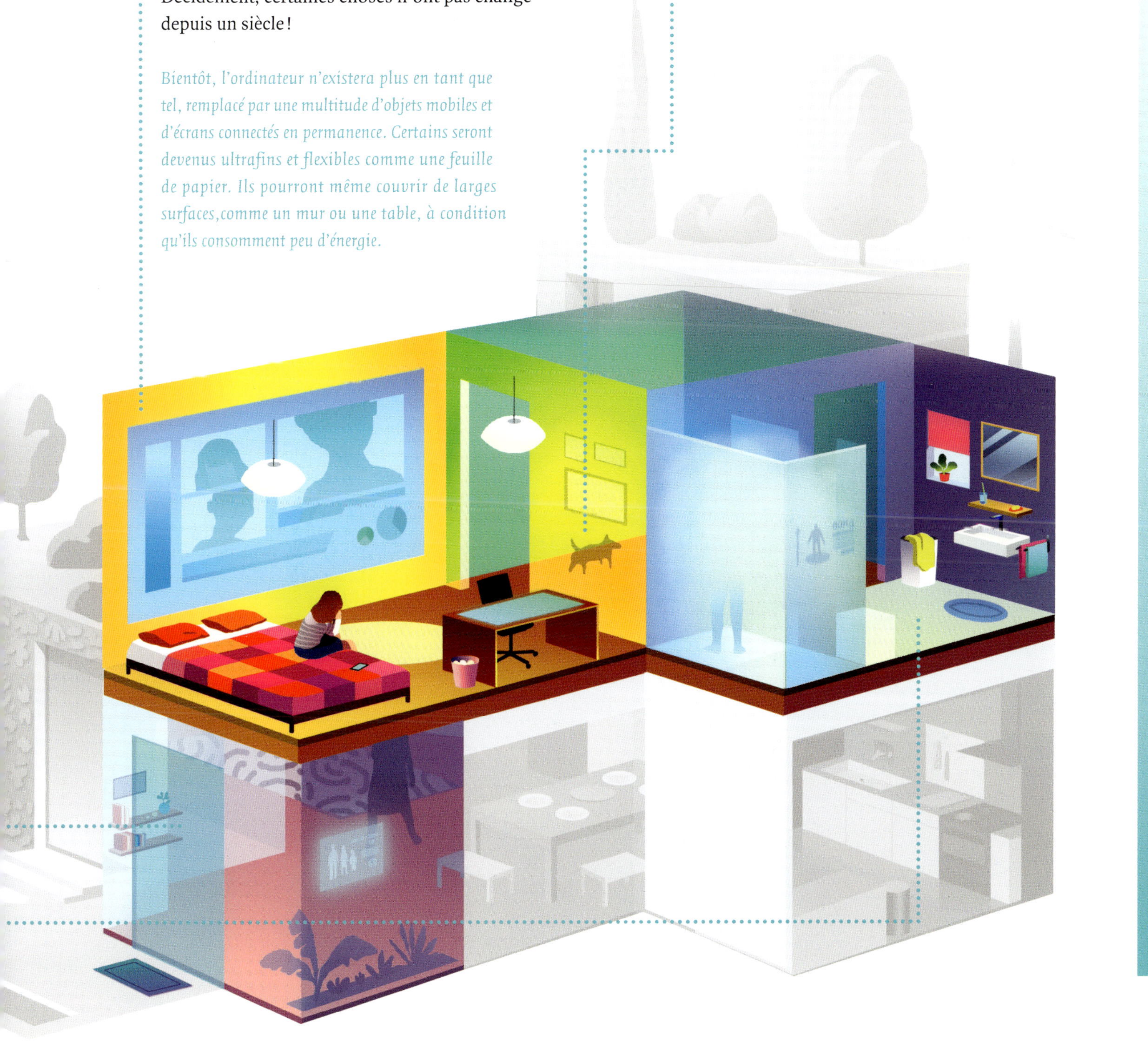

LA MAISON INTELLIGENTE (2)

Salon

Pannonica pénètre dans le salon. Aussitôt, les murs s'illuminent d'une douce lumière bleue, la température s'élève à 19°C et une légère odeur de lavande se diffuse dans la pièce : la maison sait que ce sont les réglages préférés de Pannonica. Autour d'elle, la pièce est entièrement arrondie, y compris la grande baie vitrée et le piano encastré dans un mur. Tandis qu'elle prend place dans le canapé, qui épouse la position et les formes de son corps, Pannonica demande à parler à sa fille, localisée dans sa chambre. Ella apparaît sur un écran : « je fais mes devoirs », dit-elle. Pannonica est satisfaite. Elle demande alors le « mode cinéma » : la lumière décline, le mur se transforme en écran et le son emplit la pièce. Mais Pannonica se demande si elle a vraiment le temps de regarder un épisode de sa série préférée ce soir...

La maison du futur connaîtra parfaitement chacun de ses habitants, à force de les observer et de collecter des informations sur leurs habitudes. Elle pourra ainsi ajuster automatiquement ses réglages, par exemple d'éclairage, de température ou de parfum, en fonction des préférences de chacun. Pour ouvrir les fenêtres, allumer une lampe ou un écran, il ne sera même plus nécessaire de presser un interrupteur : la maison répondra à nos commandes vocales et à nos gestes.

Toilettes

Ces toilettes « sèches » équiperont la plupart des logements. Pas une seule goutte d'eau n'est utilisée ! Au lieu d'être envoyés dans les égouts, les excréments sont mangés par des vers de terre qui facilitent leur décomposition naturelle.

Électricité ambiante

Dans la maison, il n'y a pas de prises de courant. L'électricité se diffuse dans toutes les pièces, sans fil (comme les ondes wifi d'Internet), sous forme d'un champ magnétique sans danger pour les humains. Les appareils mobiles (comme les téléphones portables) se rechargent ainsi automatiquement, sans qu'on ait besoin de les brancher.

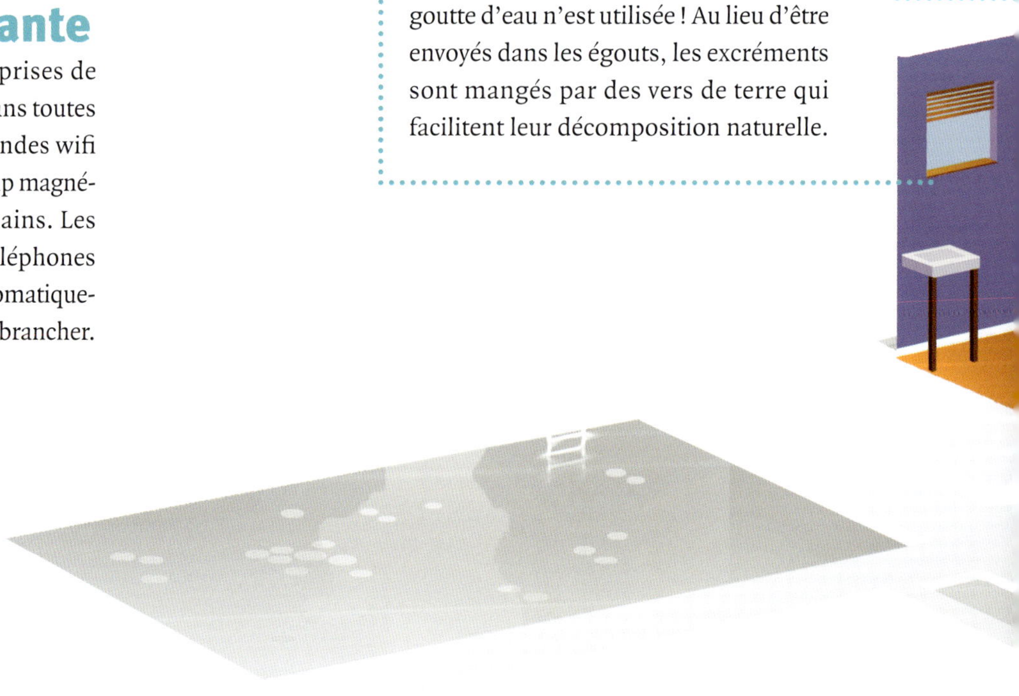

Cuisine

Djinn, 16 ans, le grand frère d'Ella, se prépare à devenir cuisinier. Ce soir, il a décidé de cuisiner un plat asiatique pour faire plaisir à ses parents. L'écran du réfrigérateur, qui affiche la liste des produits qu'il contient, précise justement que les nems aux épinards seront bientôt périmés. Il est temps de les manger. Le réfrigérateur en rachètera demain : la machine fait les courses automatiquement, par Internet, dès qu'il manque quelque chose. Sur la table-écran apparaît la recette du repas coréen que Djinn veut préparer. Il commence à couper quelques légumes, en jetant les épluchures dans une poubelle qui trie les déchets. Elles sont transformées en compost, un engrais naturel pour le jardin. Mais la poubelle est aussi capable de transformer d'autres déchets en un gaz qui fournit de l'énergie pour éclairer la cuisine.

Comme les autres pièces, la cuisine sera pleine de machines « intelligentes ». Les aliments comporteront notamment des étiquettes électroniques (puces RFID) que le réfrigérateur sera capable de « scanner ». Il pourra peut-être aussi passer commande lui-même au supermarché du coin. Le lave-vaisselle nettoiera les assiettes sans utiliser d'eau, grâce à des ondes ou des ultrasons. Et surtout, le recyclage des déchets permettra de limiter au maximum les gaspillages.

Projet Asian Cairns pour la ville de Shenzen – Chine
© Vincent Callebaut Architectures – www.vincent.callebaut.org

BIEN DANS MA MÉGAPOLE !

MA CITÉ VÉGÉTALE DU FUTUR

Quartier végétal

Cette colline urbaine est un quartier typique de la ville écologique du futur. Ici, chaque bâtiment produit sa propre électricité, grâce à des mini-éoliennes et des panneaux solaires. Les toits sont couverts de végétaux : plantes, fleurs, arbustes. Partout, les terrasses forment des jardins potagers qui donnent des fruits, des légumes... et de l'oxygène. La vie quotidienne s'organise comme dans un village. Écoles, bureaux, commerces : tout se trouve à proximité. Et pour rejoindre le centre-ville le plus proche, il suffit d'emprunter un ascenseur qui relie le quartier à une station de métro automatique ou de tramway. À moins de descendre à pied... à l'ancienne !

Jungle urbaine

Les parcs urbains sont de véritables forêts entretenues comme un poumon dans la ville, pour produire de l'oxygène et absorber les gaz nocifs comme le dioxyde de carbone (CO_2). Elles sont peuplées de nombreux animaux. Des écureuils et des oiseaux, bien sûr, mais aussi des petits singes bien adaptés à la vie urbaine.

Centrale électrique en orbite

Cette centrale capte les rayons du soleil directement dans l'espace, car ils sont beaucoup plus intenses au-dessus de l'atmosphère. Cette énergie est transmise sur terre sous la forme d'un puissant laser qui est ensuite transformé en électricité pour alimenter le réseau de la ville.

Tour d'un kilomètre de haut

Ce gratte-ciel est un quartier de la ville à lui tout seul. On y trouve à la fois des bureaux, des boutiques, des hôtels, une ferme, des jardins couverts et des milliers de logements répartis sur 200 étages reliés par des ascenseurs à grande vitesse.

Ultra-centre piéton

Dans les centres-villes, la voiture a disparu. On se déplace à pied, à vélo, ou en tuk-tuk* automatique. À moins d'emprunter une trottinette électrique de location !

**À l'heure actuelle, un tuk-tuk est une sorte de tricycle à moteur très utilisé comme taxi dans certains pays d'Asie.*

Projet Jungle parfumée pour la ville de Hong Kong
© Vincent Callebaut Architectures – www.vincent.callebaut.org

PROMENADE EN CENTRE-VILLE

Trottoirs roulants

Au centre-ville, c'est la foule. Mais un réseau de « trottoirs roulants » permet de se déplacer vite et sans effort. Il suffit de commander sa destination. Le trottoir se charge d'organiser le flux des piétons en fonction des vœux de chacun.

Poubelle-aspirateur de déchets

Le camion à poubelles est un objet de musée. De la même manière que les eaux usées vont aux égouts, les déchets sont aspirés automatiquement par les poubelles, et directement envoyés à une usine où ils sont recyclés à 80 %. Le reste est brûlé de manière à produire de l'énergie pour la ville.

Des arbres lampadaires

Pour contribuer à l'éclairage public, les arbres qui ornent les rues ont été modifiés avec des gènes de lucioles et ils sont devenus phosphorescents.

Piétons énergétiques

En marchant, le mouvement de chaque piéton génère de l'énergie. Grâce à un système de capteurs, les trottoirs la récupèrent et la transforment en électricité pour éclairer les rues.

Station de podcar à grande vitesse

En plus des tramways et des métros automatiques, un nouveau mode de transport en commun s'est développé : le podcar. Il s'agit d'un réseau de cabines, qui se déplacent sur des rails comme un métro mais qui sont libres de leur destination comme un taxi. Elles peuvent transporter de une à quatre personnes à 300 kilomètres/heure sur un rail suspendu. Chaque groupe de voyageurs programme son trajet en montant en cabine, ce qui permet de rejoindre directement l'arrêt désiré, sans avoir à s'arrêter à chaque station ni à prendre de correspondances.

Un touriste perdu ?

Non, il est sans doute en train de rêvasser. Depuis 2015, avec la généralisation de la géolocalisation et des GPS, il est devenu impossible de se perdre en ville. À moins de le faire exprès... pour le plaisir !

Superbus

Ce bus géant, capable de transporter plus de 1 000 passagers, occupe deux voies de circulation sur la route. Mais il est surélevé, ce qui permet aux autres véhicules de passer en dessous. Il circule à l'énergie solaire.

LA MÉGAPOLE TERRESTRE

Demain, la Terre ressemblera à une ville géante ! En effet, de plus en plus de Terriens habitent en ville, plutôt qu'à la campagne. Actuellement, à chaque seconde, deux personnes arrivent, ou naissent, dans les villes du monde. En 2050, deux humains sur trois vivront dans des villes, dont certaines dépasseront largement les 20 millions d'habitants.

Cette urbanisation rapide de la planète pose de nombreux problèmes d'avenir. Le premier, c'est le logement. Comment faire pour que tout le monde ait un toit ? Déjà aujourd'hui, des millions de personnes s'entassent dans des bidonvilles, dans des taudis fabriqués avec des matériaux de récupération. Cette situation risque de s'aggraver. Si rien n'est fait, les villes du futur seront, encore plus qu'aujourd'hui, divisées en deux, entre d'un côté des beaux quartiers, agréables à vivre et écologiques, et de l'autre d'immenses zones misérables.

Le second problème, c'est la pollution. Aujourd'hui, les villes contribuent beaucoup au réchauffement climatique, à cause des usines, des transports... Mais certaines polluent plus que d'autres. À Los Angeles, aux États-Unis, par exemple, la ville s'étend sur plus de 100 kilomètres de long. Chaque jour, des millions de personnes doivent prendre leur voiture pour aller travailler. Ces déplacements quotidiens dépensent beaucoup trop d'énergie. Pour l'environnement, il est préférable de construire plutôt des villes denses, c'est-à-dire moins étalées. Autrement dit, il vaut mieux bâtir

Ghettos de super-riches

Dans les mégapoles de demain, les plus riches seront peut-être tentés de s'abriter dans des quartiers clôturés par des barrières, sécurisés par des alarmes hyper-perfectionnées et des polices privées. De tels quartiers existent déjà partout dans le monde, particulièrement dans les villes les plus inégalitaires, comme Johannesburg en Afrique du Sud. Aux États-Unis, il existe aussi des villes privées où il est interdit de pénétrer sans autorisation. À Miami, en Floride, par exemple, une île artificielle abrite un quartier de luxe réservé à de riches habitants.

Une planète de bidonvilles ?

Les villes du futur pourraient aussi bien ressembler à l'actuelle Mumbai, une ville géante d'Inde. Dans cette mégapole de 20 millions d'habitants, la moitié de la population vit dans des bidonvilles immenses, souvent sans eau, ni toilettes, ni électricité. Dans ces quartiers fragiles, les épidémies se diffusent facilement, la criminalité et la violence sont plus répandues qu'ailleurs, même si toute une économie se développe aussi, avec ses artisans et ses commerçants. Un milliard de personnes dans le monde vivent actuellement dans des bidonvilles. En 2050, si rien n'est fait, elles pourraient être trois fois plus nombreuses, et dépasser un tiers de la population mondiale.

Les villes les plus peuplées

2000	2010	2025
Tokyo (Japon)	**Tokyo** (Japon)	**Tokyo** (Japon)
Mexico (Mexique)	**Delhi** (Inde)	**Delhi** (Inde)
New York (États-Unis)	**Sao Paulo** (Brésil)	**Mumbai** (Inde)

Proportion de la population mondiale qui habite en ville

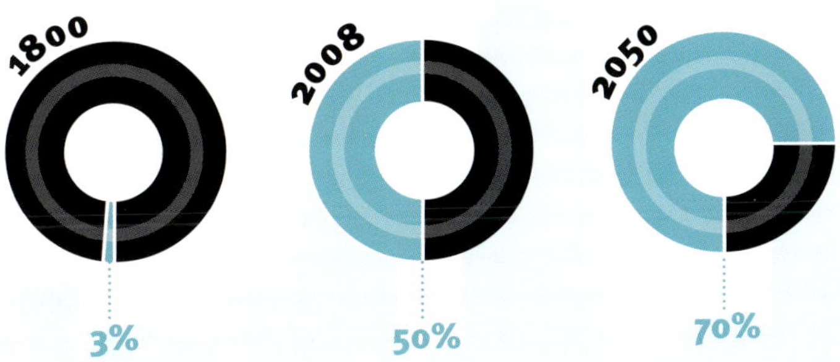

Nombre de mégapoles
(villes de plus de 10 millions d'habitants)

1970 : 2

2010 : 21

2025 : 29

VISION D'AVENIR : LES ARCHITECTES PENSENT LE FUTUR

Les architectes travaillent déjà à imaginer la ville de demain. Voici un tour d'horizon de quelques projets urbains, réels ou imaginaires, parmi les plus impressionnants.

Une oasis écologique aux portes du désert

Aux portes du désert d'Arabie, la ville de Masdar (« source » en arabe), actuellement en chantier, a l'ambition de devenir un modèle de cité écologique, sans déchets ni pollution. Les voitures y sont interdites. On se déplace à pied, en vélo ou en podcar, une sorte de métro personnel qui permet de programmer son trajet*. Le soleil, source d'énergie illimitée dans le désert, permettra de produire l'essentiel de l'électricité de la ville. Les panneaux solaires fourniront notamment l'énergie nécessaire à la climatisation et à la désalinisation de l'eau de mer pour la rendre potable. La construction de Masdar devrait être achevée en 2020...

**Voir au début de ce chapitre.*

« Cités collines » : la ville à la campagne*

Et si on construisait la ville à la campagne ? Cette plaisanterie correspond au rêve de nombreux architectes : bâtir des villes qui procurent tous les avantages de la vie au grand air. C'est aussi le désir de « Cités collines », un projet de ville idéale imaginée de manière collaborative (comme Wikipedia) par des passionnés d'urbanisme. Les quartiers imaginaires de cette ville de rêve sont construits sur des collines. Chaque colline est orientée d'un côté vers un centre-ville, très actif et urbanisé, et de l'autre vers un espace de nature, de repos et de promenade. Chaque colline est aussi surmontée d'une tour d'un kilomètre de haut, avec au sommet une grande plateforme ouverte sur l'extérieur. Magnifique panorama ! Les cités collines sont une utopie, c'est-à-dire qu'elles sont faites pour stimuler l'imagination et la réflexion, pas pour être construites dans la réalité. Mais qui sait ?

** « Cités collines » est un projet initié par Marc Giget à l'Institut européen de stratégies créatives et d'innovation. http://www.cites-collines.com*

© Vincent Callebaut Architectures – www.vincent.callebaut.org

La ville-nénuphar

La forme de cette ville futuriste s'inspire du nénuphar géant d'Amazonie, une plante aquatique dont les feuilles peuvent atteindre trois mètres de haut. Baptisée Lilypad (« nénuphar » en anglais), elle est destinée à voguer sur les océans. La ville flottante s'organise autour de trois montagnes : l'une pour les loisirs, l'autre pour le commerce et la dernière pour le travail. Chaque montagne est couverte de logements végétaux et à ses pieds se trouve un port.Au centre, un grand lac sert à recueillir l'eau de pluie. Et grâce aux énergies renouvelables (éolienne, solaire etc.), l'île fabrique plus d'énergie qu'elle n'en consomme. Imaginée par l'architecte belge Vincent Callebaut, la ville-nénuphar doit servir à abriter des réfugiés du changement climatique. En effet, d'ici la fin du siècle, l'élévation du niveau de la mer va obliger les habitants de certaines îles ou de certaines zones côtières à déménager. Lilypad pourrait en accueillir jusqu'à 50 000. À condition, bien sûr, que ce projet se réalise un jour !

Un gratte-ciel d'un kilomètre

Inutile d'attendre 2050 : la construction d'une tour d'un kilomètre de haut est déjà programmée, en Arabie Saoudite. Si elle voit le jour comme prévu en 2016, la Kingdom Tower (en français la « tour du royaume ») deviendra la plus haute tour du monde, devant la Burj Khalifa, un gratte-ciel de 828 mètres inauguré en 2010 à Dubaï, qui détient le record actuel.

© Jeddah Economic Company / Adrian Smith + Gordon Gill Architecture

Hôtel sous-marin
© Deep Ocean Technology

MES VACANCES EN 2050

DES VOYAGES DE RÊVE (1)

L'heure des vacances d'été 2050 approche. Où partir cette année ? Dans la famille, chacun a sa petite idée...

En croisière dans les airs

Ella, 11 ans, rêve d'une croisière aérienne. C'est une copine du collège qui lui a soufflé l'idée : l'année dernière, en juillet 2049, elle a survolé toute l'Europe avec ses parents pendant un mois, à bord d'un immense ballon dirigeable. Comme un bateau de croisière, un dirigeable peut transporter des centaines de personnes dans une nacelle équipée de chambres d'hôtel, de restaurants, de salles de jeux et de concert. Sauf qu'au lieu de voguer sur l'eau, le dirigeable, qui fonctionne grâce à l'énergie solaire, glisse lentement dans les airs, comme une bulle flottante. À bord, certaines pièces sont entièrement transparentes, pour offrir une vue céleste sur les lacs, les forêts, les montagnes et les plus belles villes d'Europe : Rome, Prague, Vienne, Cracovie, Moscou...

Rêve ou réalité ?

Les ballons dirigeables ont presque disparu depuis le milieu du XXe siècle, avec l'essor de l'aviation. Mais ils reviennent à la mode. Dans l'avenir, ils pourraient servir au transport de marchandises ou à des voyages touristiques. Une entreprise anglaise a ainsi imaginé un dirigeable luxueux, de plus de 200 mètres de haut, capable d'emmener une centaine de personnes en croisière aérienne.

Projet Aircruise © Seymourpowell

Archéologie virtuelle

« Tu as vraiment des goûts de luxe, ma fille ! », sourit Lester, le papa d'Ella. Une croisière volante coûte beaucoup trop cher ! Lester propose plutôt un séjour culturel, sur les traces d'une civilisation antique. Impossible de viser l'Égypte : l'accès aux pyramides est protégé, limité à quelques touristes fortunés, et les célèbres tombeaux de pharaons de la Vallée des rois sont fermés au public depuis des années. Mais il reste encore des places en Irak, pour découvrir les ruines de Babylone, l'une des plus extraordinaires cités de l'Antiquité. Bien plus qu'une promenade à travers des ruines, la visite est une expérience saisissante, un voyage en immersion dans le passé : en effet, la ville est entièrement reconstituée en réalité virtuelle, telle qu'elle était vers l'an 600 av. J. C. Les touristes peuvent arpenter ses rues et visiter ses monuments mythiques, comme la tour de Babel et les jardins suspendus de Babylone, recréés sous forme d'hologrammes, des images en trois dimensions plus vraies que nature ! On peut même discuter avec des habitants virtuels, eux aussi en 3D, qui répondent aux questions des visiteurs.

Rêve ou réalité ?

Demain, les technologies d'image en trois dimensions rendront les visites plus amusantes et très réalistes. Grâce à des lunettes spéciales ou des lentilles de contact, il sera par exemple possible de voir, pendant la visite, une reconstitution virtuelle des sites historiques. En revanche, certains sites historiques sont fragiles. À cause du trop grand nombre de visiteurs, ils se dégradent vite. Dans le futur, ils seront peut-être fermés ou soumis à des quotas, c'est-à-dire qu'un nombre limité de touristes sera autorisé à y accéder chaque année.

DES VOYAGES DE RÊVE (2)

Sensations sous-marines

« Trop scolaire ! », objecte Djinn à son père. Le grand frère d'Ella, âgé de 16 ans, a un autre projet : passer les vacances sous la mer ! Il a repéré une petite base sous-marine située au milieu de l'océan Atlantique, à 20 mètres sous la surface. Il est possible d'y passer quelques jours dans un hôtel charmant, doté de tout le confort moderne. Évidemment, toutes les chambres ont vue sous la mer. Et dès qu'un poisson exotique s'approche, les vitres digitales affichent des informations pour découvrir tous les mystères des fonds marins. On accède facilement à cet hôtel étonnant par un ascenseur relié à un aéroport installé sur une île artificielle. Et il reste quelques places en promotion pour le mois d'août.

Rêve ou réalité ?

Explorer le fond des océans est l'une des attractions possibles du tourisme du futur. Deux projets d'hôtels sous-marins ont déjà été conçus, à Dubaï, dans le monde arabe, et dans l'océan Pacifique. Mais ces hôtels de luxe, dont la construction a été abandonnée pour le moment, n'auraient été accessibles qu'à de très riches visiteurs.

Hôtel sous-marin © Deep Ocean Technology

Retour à la nature !

Pannonica, la maman, secoue la tête. L'idée de son fils ne lui plaît pas du tout, à elle qui déteste rester enfermée. Pas question de passer ses vacances dans une boîte à sardines ! Cette année, elle a prévu un séjour en plein air, au cœur de la forêt polaire du nord de la Norvège. Au programme : randonnées sportives, cueillette de plantes sauvages, entraînement à la survie dans la nature... Les chambres d'hôtel sont des petites cabanes accrochées dans les arbres. Le confort est un peu rudimentaire, mais c'est bon pour la santé ! Et puis, la forêt grouille d'animaux étonnants. Certaines espèces disparues ont même été ressuscitées grâce à leur ADN retrouvé sur des fossiles, comme le tarpan forestier, un cheval sauvage des forêts. « Oh, maman, on va encore s'ennuyer, comme l'été dernier sur ton île déserte ! En plus, on va encore devoir se nourrir d'insectes et de racines pendant une semaine... », soupirent Ella et Djinn. « De toute façon, c'est fait : j'ai déjà réservé ! », tranche Pannonica.

Rêve ou réalité ?

Le désir de passer ses vacances au vert et au calme n'a aucune raison de disparaître demain. En Inde, en Afrique ou encore en Suède, il existe déjà des hôtels perchés dans les arbres qui permettent de loger en pleine nature au plus près des animaux sauvages.

Que faire du chien ?

Pour le chien Shifu, la famille envisage une colonie de vacances pour animaux, pour qu'il s'amuse avec une bande de camarades. Ou bien une semaine de cure thermale canine, avec piscine, sauna, soins et massages quotidiens. Malheureusement, ces centres de séjours sont réservés aux vrais animaux, et Shifu est un chien-robot. Il risque fort de rester à la maison, déconnecté jusqu'au retour de ses maîtres.

Rêve ou réalité ?

Les centres de loisirs pour animaux de compagnie sont déjà une réalité aujourd'hui. En France, il est possible de confier son chien ou son chat à une sorte de garderie, dans une grande maison de campagne, où les animaux sont cajolés par des professionnels qui les promènent, les soignent et leur donnent le bain. Aux États-Unis, en Australie ou en Chine, il existe même des hôtels, des spas et des parcs d'attractions pour animaux.

2100 : UN SÉJOUR DANS LES ÉTOILES ?

En 2001, la Station spatiale internationale, qui gravite autour de la Terre, a accueilli le premier touriste de l'espace. Un riche Américain a déboursé plus de 20 millions de dollars pour y séjourner pendant une semaine. Depuis, une poignée de millionnaires se sont offert le même voyage, ajoutant leurs noms à la liste des quelque 500 astronautes professionnels qui ont décollé de la Terre depuis les débuts de la conquête spatiale.

Ce privilège sera-t-il un jour à la portée de tous ? Il est permis d'en rêver, à condition d'être patient. En effet, le tourisme spatial est en train de devenir une réalité, mais il restera, peut-être pour toujours, un luxe exorbitant.

Dans quelques années seulement, les touristes fortunés pourront, par exemple, prendre place à bord d'un avion spatial pour un court voyage à la lisière de l'espace, à 100 kilomètres au-dessus de la Terre. Le trajet ne durera que quelques heures, mais il offrira une occasion unique d'admirer la planète bleue de l'espace et de passer quelques minutes à flotter en impesanteur dans la cabine de l'avion. Ce moment merveilleux coûtera tout de même entre 100 000 et 200 000 dollars.

À plus long terme, les voyagistes de l'espace espèrent aussi commercialiser une expédition d'une semaine à destination de la Lune, à plus de 300 000 kilomètres de la Terre. La fusée fera le tour de la Lune, ce qui permettra de l'observer de près. Mais il ne sera pas question de se poser, ce qui serait trop difficile à organiser pour de simples touristes. Quant à Mars, où l'homme n'a encore jamais posé le pied, la planète se trouve à plus de 6 mois de trajet de la Terre, ce qui restera sans doute inaccessible, même aux touristes de l'an 2100.

Un hôtel en orbite ?

Il sera peut-être bientôt possible de contempler la Terre, et 15 levers de soleil par jour, depuis le hublot de sa chambre, à 300 kilomètres de haut. En effet, plusieurs modèles d'hôtels de l'espace sont déjà en projet. Ils s'inspirent de la Station spatiale internationale, installée en orbite autour de la Terre, où résident actuellement, en permanence, 6 astronautes chargés de missions scientifiques.

Un ascenseur pour l'espace

L'ascenseur spatial est un rêve ancien qui relève de la science-fiction. Pourtant, l'idée n'est pas si fantaisiste. Le principal obstacle à sa réalisation est de fabriquer un câble suffisamment solide. Or, la découverte récente d'un nouveau matériau 100 fois plus solide que l'acier (les nanotubes de carbone) pourrait résoudre le problème dans un futur proche. Une entreprise japonaise a d'ailleurs annoncé son intention de construire cet ascenseur d'ici à 2050. Le projet consiste à arrimer à la Terre un immense câble de 90 000 kilomètres de long. Une cabine permettrait d'élever quelques personnes dans l'espace, à plus de 36 000 kilomètres de haut. Un tel ascenseur aurait l'avantage de rendre le voyage au dessus de l'atmosphère terrestre beaucoup moins cher qu'à l'aide d'une fusée, et donc plus accessible. Mais, à la vitesse envisagée de 200 kilomètres/heure (moins rapide qu'un TGV), l'ascension durerait tout de même une bonne semaine !

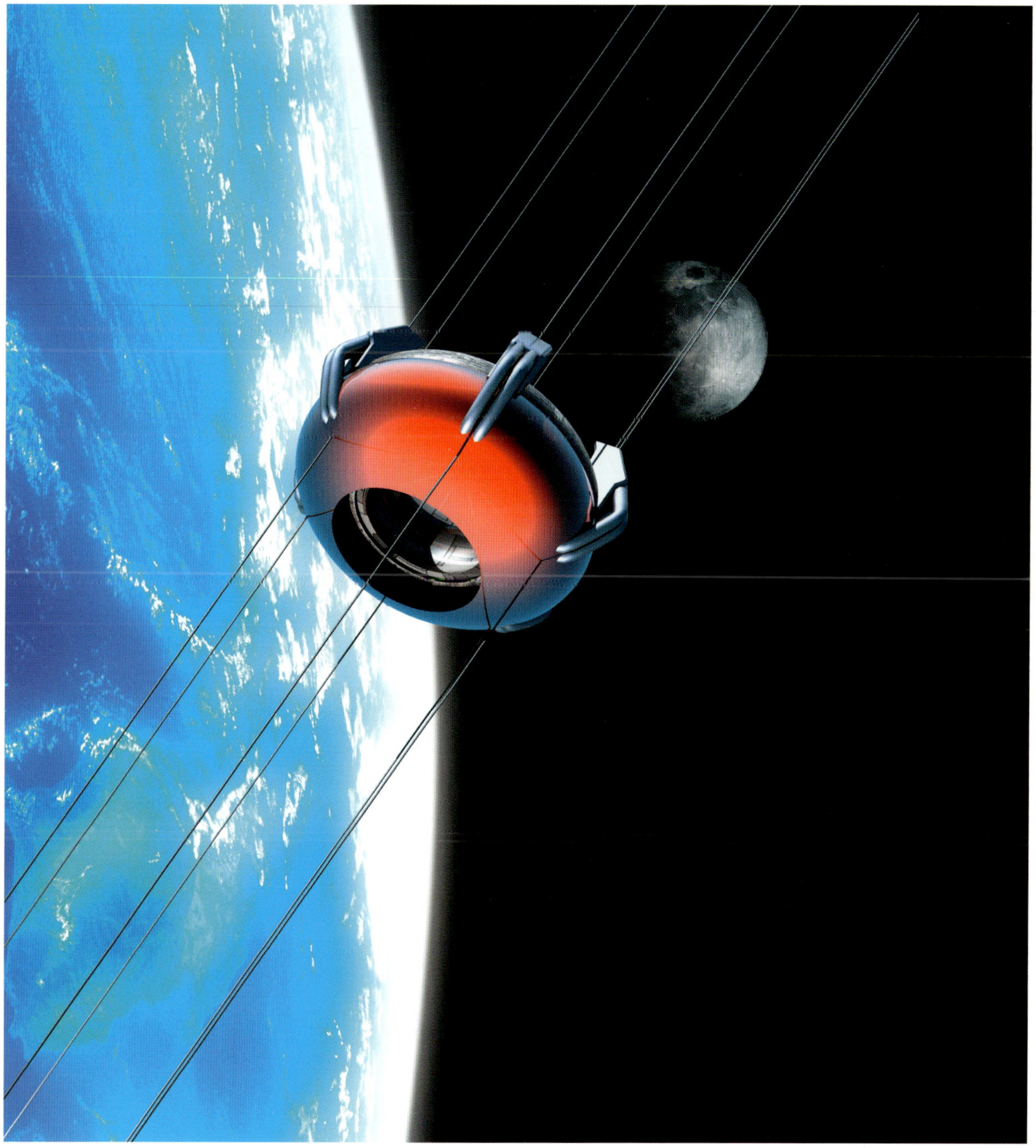

MA PLANÈTE AU XXIe SIÈCLE

2050 : LA TERRE RÉCHAUFFÉE

La Terre se réchauffe. Tout au long du siècle, la température moyenne de notre planète va augmenter de quelques degrés. Cela peut paraître peu, mais, en réalité, cela suffit pour que le climat soit profondément modifié, ce qui va entraîner des conséquences en cascade dans le monde entier.

En 2050, le climat sera non seulement plus chaud mais aussi plus capricieux, plus imprévisible qu'aujourd'hui. Partout, les sécheresses, mais aussi les inondations et les tempêtes risquent de se multiplier.

Le problème est sérieux : pour éviter que le climat ne déraille complètement, il est urgent de limiter au maximum les émissions de gaz « réchauffants », comme le gaz carbonique (CO_2) rejeté dans l'atmosphère par les usines, les voitures et les avions, lors de la combustion du pétrole ou du charbon. Ce sont ces gaz qui sont responsables du réchauffement de la planète.

Mais pas de panique ! La fin du monde n'est pas pour demain. Si tous les pays réduisent leurs émissions de CO_2 comme ils prévoient de le faire, le changement climatique restera supportable et l'humanité pourra s'y adapter.

Le réchauffement climatique : réactions en chaîne

L'effet de serre est « dopé »

La Terre est entourée d'une couche d'air, l'atmosphère. L'atmosphère filtre les rayons du soleil et elle en capture une partie, ce qui permet de réchauffer la surface de la planète : c'est ce qu'on appelle l'effet de serre. Sans ce phénomène, la Terre serait glaciale et la vie impossible. Le problème, c'est que les activités humaines, les usines, les transports, rejettent dans l'atmosphère des gaz, comme le CO_2, qui augmentent sa capacité à retenir les rayons du soleil. L'effet de serre est donc « dopé » artificiellement et la Terre se réchauffe.

Le thermomètre monte !

Le réchauffement a déjà commencé. Il est désormais impossible de l'arrêter, mais on peut encore le limiter. Pour y parvenir, la plupart des pays du monde se sont engagés à réduire leurs émissions de gaz à effet de serre. Selon leurs efforts, la hausse des températures sera comprise entre 2 et 4 degrés. Mais si rien n'était fait, elle pourrait atteindre plus de 6 degrés, ce qui serait catastrophique.

Le niveau de la mer s'élève

Quand l'eau se réchauffe, elle occupe un peu plus de volume. Le niveau des océans va donc augmenter, sans doute de quelques dizaines de centimètres. En plus, les glaciers fondent et l'eau de ces montagnes de glace se déverse dans les mers. Si une trop grande partie des glaces du Groenland et de l'Antarctique fondait, les océans pourraient même monter de plus d'un mètre, d'ici la fin du siècle. Certaines îles et villes côtières seraient inondées ou même englouties.

Le climat se dérègle

À cause du changement climatique, les caprices de la météo vont s'aggraver dans de nombreux pays. Là où il fait sec, il fera encore plus sec. Dans certaines régions humides, il y aura encore plus de pluie. Des millions d'habitants devront fuir des régions devenues inhospitalières. Des milliers d'espèces animales sont aussi menacées de disparition.

Les catastrophes naturelles sont plus fréquentes

Le changement climatique va entraîner plus de sécheresses, mais aussi d'inondations, de cyclones violents et de raz de marée. Dans certaines régions, il y aura plus de moustiques et certaines maladies, comme le choléra ou le paludisme, risquent de s'étendre.

LA CARTE DU MONDE DU FUTUR

Golfe du Mexique : des ouragans destructeurs

Le sud des États-Unis a vécu un cauchemar en 2005 avec le passage d'un ouragan violent, baptisé Katrina. Cette tempête géante a tué près de 2 000 personnes. Katrina était, en quelque sorte, un avant-goût du futur. En 2050, les cyclones de cette intensité seront plus fréquents dans cette région. Il faudra s'adapter pour mieux s'en protéger.

Brésil : l'Amazonie réduite de moitié

L'Amazonie possède la plus grande forêt tropicale du monde. Cette jungle est peuplée de millions d'espèces différentes de plantes, d'animaux, d'oiseaux et de poissons. Elle est menacée par la déforestation et le changement climatique. En 2050, si rien n'est fait, la forêt amazonienne sera deux fois moins grande qu'aujourd'hui.

Afrique : risque de famines

L'Afrique sera le continent le plus rudement touché par le réchauffement. Dans de nombreux pays, les sécheresses seront fréquentes. L'agriculture risque d'être plus difficile. Des millions de personnes supplémentaires risquent de manquer d'eau ou de souffrir de la famine.

Océan Arctique : l'ours blanc en péril

En 2050, la banquise, cette couche de glace qui couvre une partie de l'océan Arctique, sera entièrement fondue pendant une partie de l'année, à la fin de l'été. Certains animaux qui vivent sur la banquise, comme les ours blancs, sont menacés d'extinction.

Le Bangladesh : sous les eaux

À l'est de l'Inde, le Bangladesh est un petit pays très peuplé. Son territoire est plat et peu élevé. D'ici la fin du siècle, si le niveau de la mer augmente trop, la moitié du Bangladesh sera inondée, ce qui obligerait des millions de personnes à fuir.

Asie du Sud : la mousson décuplée

La mousson est un vent qui entraîne chaque été de fortes pluies dans certaines régions d'Asie du Sud, notamment en Inde. Elle apporte de l'eau pour les agriculteurs, mais elle est aussi responsable d'inondations. En 2050, les précipitations pourraient s'aggraver et faire plus de dégâts.

Océan Pacifique : des îles englouties

Si le niveau des océans augmente trop, certaines îles trop basses seront englouties sous la mer ! C'est notamment le cas des îles Tuvalu (océan Pacifique) ou des îles Maldives (océan Indien).

Le Kilimandjaro : privé de neiges

En 2050, les célèbres neiges éternelles du Kilimandjaro, la plus haute montagne d'Afrique, ne seront plus qu'un lointain souvenir.

Australie : la grande barrière de corail en péril

Les coraux sont d'étranges animaux qui forment des récifs semblables à des chaînes de rochers sous la mer. Ils abritent aussi des animaux, des algues, des poissons... La plus grande chaîne de corail du monde s'étend sur plus de 2 000 mètres dans l'océan. Mais cette merveille du monde est fragile : le réchauffement pourrait bien la détruire.

ET LA FRANCE ?

La France a un climat tempéré, c'est-à-dire ni trop chaud, ni trop froid ; ni trop sec, ni trop pluvieux. Elle n'est pas située dans les zones qui souffriront le plus du réchauffement de la planète. Mais certains changements climatiques se feront tout de même ressentir. Ils ne seront pas tout à fait les mêmes selon les régions. Voici le bulletin météo des années 2050-2100 !

Au nord : plus de pluie

Dans la moitié nord du pays, les précipitations, c'est-à-dire pour l'essentiel la pluie et la neige, seront sans doute plus fortes en hiver. Par contre, les étés seront aussi plus secs qu'aujourd'hui.

Au sud : sécheresses en vue

Le climat méditerranéen, doux et sec, des régions côtières sud-est de la France va s'étendre. Il concernera une grande partie du sud de la France, qui sera encore plus sèche qu'aujourd'hui. L'eau sera plus rare et les agriculteurs subiront plus souvent des périodes de grave sécheresse.

Plus de canicules

La canicule est aujourd'hui assez rare en France. Dans l'avenir, les périodes de très forte chaleur deviendront courantes. Il y aura en moyenne un mois de canicule par an, contre seulement quelques jours aujourd'hui.

De la vigne à Lille

En 2050, la vigne poussera jusque dans le nord de la France. La Grande-Bretagne, l'Allemagne et même des pays froids comme la Pologne ou la Finlande pourront produire du vin. Par contre, les grands vignobles du sud de la France seront menacés par la chaleur.

La santé en danger ?

Certains craignent que des maladies tropicales, comme le paludisme ou la dengue, réapparaissent en France. Cela paraît toutefois peu probable car ces maladies dépendent plus des conditions sanitaires que du climat. En revanche, les fortes chaleurs peuvent mettre en danger la santé des personnes âgées et vulnérables.

Un nouveau paysage

Les forêts françaises vont changer. Les arbres des forêts tempérées de l'Est, comme le hêtre ou le chêne, seront moins nombreux. Au contraire, les pins maritimes et la végétation méditerranéenne, comme les oliviers, progresseront vers le nord. Les incendies de forêts seront aussi favorisés.

Tempêtes et inondations

Comme le reste du monde, la France sera plus exposée aux risques naturels. Les tempêtes ou les inondations, les crues de rivières comme celles qui frappent parfois le sud de la France, pourraient redoubler de violence.

Les Alpes déneigées

La neige ne va pas disparaître des sommets des Alpes. Mais certains glaciers, comme la « mer de glace » située dans le massif du mont Blanc, ont déjà largement diminué. Dans 50 ans, la neige sera surtout plus rare en dessous de 1 500 mètres, ce qui va obliger de nombreuses stations de ski d'altitude moyenne à fermer leurs portes.

STYLES DE VIE

APPRENDRE VITE ET MIEUX EN 2050

IRA-T-ON ENCORE EN COURS EN 2050 ?

Depuis les années 2000, les progrès d'Internet laissent à penser que l'école pourrait disparaître, au profit de cours à distance. Peut-être. Mais l'école permet d'apprendre avec l'aide d'adultes spécialisés. Et c'est aussi un lieu où l'on apprend la vie en société. Il y a donc de fortes chances pour qu'on continue de s'y déplacer en 2050.

5 septembre 2050, 8h30. Ella (11 ans) vient d'arriver au collège. Elle s'approche de la porte de l'établissement, qui s'ouvre immédiatement : le système de sécurité, qui permet d'éviter que des inconnus s'introduisent dans le collège, a identifié immédiatement le visage de la nouvelle élève. En pénétrant dans le bâtiment, Ella a le cœur qui bat : aujourd'hui, c'est la rentrée des classes ; elle entre en 6e. Mais elle a la démarche légère : elle ne porte pas de cartable. Les livres, les cahiers, les stylos... Tout cela appartient à un passé lointain. Tout le matériel scolaire est numérique : il se trouve au collège et il se suffit de se connecter sur un écran chez soi pour accéder aux cours et communiquer avec les professeurs, le week-end, en cas de besoin.

Eh oui ! En 2050, les ados vont toujours à l'école. Bien sûr, il est possible d'apprendre facilement à la maison, grâce aux cours à distance, en images et en trois dimensions, qui sont très utilisés notamment par les étudiants à l'université. Mais l'école reste obligatoire et elle reste le meilleur moyen de s'instruire. Surtout que dans le monde moderne, l'éducation a une importance de plus en plus grande. Pour être capables de comprendre le monde qui les entoure, de trouver du travail et de rester compétitifs, les adultes eux-mêmes continuent de suivre des cours pendant toute leur vie, dans le domaine qui les intéresse, à distance ou dans des écoles privées.

Mais l'école a beaucoup changé. En 2050, on n'apprend plus tout à fait de la même manière que dans les années 2010. La technologie a rendu les cours beaucoup plus amusants grâce à de nombreux jeux éducatifs. De nouvelles matières sont apparues, comme la bioinformatique et la philosophie dès le collège. Par contre, d'autres ont disparu comme les langues étrangères, qui sont devenues facultatives car il existe des outils de traduction automatique instantanée très performants.

Les élèves ont le choix entre des dizaines d'options différentes : arts, sports, cinéma... Le collège ne dispose pas de professeurs spécialisés dans tous les domaines, mais les enseignants sont assistés par des robots et des vidéos en 3D qui permettent à de petits groupes d'élèves de s'initier seuls à la musique, à la cuisine ou à l'astronomie, sous la surveillance de quelques adultes.

Les élèves sont aussi encouragés à apprendre ensemble et à s'entraider, par exemple dans le cadre de jeux de rôle encadrés par un professeur. Car le collège est aussi un endroit où l'on apprend à vivre en société. Les élèves gagnent des points lorsqu'ils sont solidaires et il est souvent indispensable de travailler en équipe. Par contre, les notes n'existent plus en tant que telles. Les élèves connaissent leur niveau, grâce aux tests et aux jeux qu'ils pratiquent régulièrement. Les parents peuvent accéder en permanence à ces résultats et communiquer à distance avec les profs en cas de problème. Les devoirs à la maison ont aussi pratiquement disparu. Les élèves s'entraînent chez eux pour le plaisir, grâce à des jeux vidéo. Mais l'essentiel est fait en classe. Et ceux qui sont en retard sur leurs camarades doivent de toute façon suivre des cours virtuels de rattrapage, sur place ou à la maison.

UNE JOURNÉE DE COURS FUTURISTES

En 2050, mémoriser des connaissances est moins important que dans le passé, car toute l'information est accessible en un clin d'œil sur Internet. Ce qui n'empêche pas qu'on s'entraîne encore à exercer sa mémoire, en apprenant des poésies par exemple, notamment à l'école primaire. Mais au collège, l'enseignement est recentré sur les idées, les sciences, la découverte du monde, le sport et la musique.

8h30 : Philosophie

La journée commence par une discipline qui était, dans le passé, réservée aux lycéens. En 2050, la philosophie est désormais enseignée au collège. Dans la salle, pas d'équipement de haute technologie. Les élèves sont simplement répartis en petits groupes et doivent s'exercer à réfléchir par eux-mêmes, à débattre et à convaincre leurs camarades. Car penser, raisonner, formuler des idées reste la base de l'enseignement, même en 2050.

9h30 : Biologie

C'est l'une des matières-reines du XXIe siècle. La biologie, qui a fait récemment d'immenses progrès, a pris beaucoup d'importance en 2050. Aujourd'hui, le cours commence par un exercice d'anatomie : les élèves doivent disséquer une souris, pour explorer son corps. Mais la souris n'est pas réelle ! C'est une image en 3D. Et en ouvrant son corps, des informations s'affichent, qui permettent de localiser le cœur, le cerveau, les principaux organes. Plus tard dans l'année, les élèves s'entraînent aussi à la biologie de synthèse, c'est-à-dire à fabriquer des êtres vivants très simples. Ils disposent pour cela d'un matériel informatique qui permet de manipuler les cellules et les gènes pour « programmer » en partie le fonctionnement d'un organisme vivant. À la manière de Frankenstein !

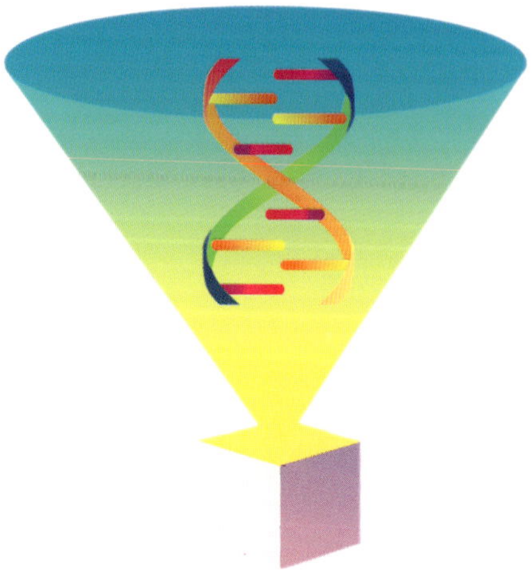

10h30 : Exploration virtuelle du monde

La géographie est l'une des disciplines les plus amusantes. Elle se pratique désormais dans une salle « immersive », c'est-à-dire couverte d'écrans, qui sert à explorer le monde en « plongeant » au cœur des forêts, des océans, des montagnes... Le professeur manipule les images avec de simples gestes, pour zoomer sur tel ou tel détail. Pour mieux comprendre, les élèves sont aussi invités à pratiquer des jeux de piste virtuels en équipe, comme des chasses au trésor, pour découvrir les atouts et les faiblesses des grands pays du monde moderne : l'Inde, la Chine, le Brésil...

11h30 : Cuisine-santé

Il est temps de mettre la main à la pâte. Savoir bien manger est devenu une compétence indispensable, dans un monde où une grande partie de la population souffre d'obésité. Au collège, on apprend à composer des plats de qualité, bons pour la santé, à base de légumes ou d'insectes séchés. Les élèves peuvent ensuite déguster leurs réalisations pendant la pause-déjeuner.

14h : Musique en réseau

La musique est l'une des options les plus appréciées des élèves. En 6e, elle consiste surtout en des cours d'initiation, par exemple au piano-laser, un instrument qui se joue en manipulant des rayons lumineux. Chaque élève s'exerce à l'aide d'un programme informatique, semblable à un jeu vidéo. Les élèves de 4e ou de 3e, plus avancés dans la pratique musicale, peuvent ensuite monter un groupe international, pour jouer, par exemple, de la guitare numérique avec d'autres camarades situés en Norvège, en Espagne ou en Algérie.

15h : Sport à la carte, en salle

Le sport existe sous différentes formes au collège. Les sports d'équipe sont toujours pratiqués « à l'ancienne » sous la houlette d'un professeur d'éducation physique. Mais ceux qui n'aiment pas le football ou le squash peuvent s'essayer à d'autres disciplines, comme le patinage ou l'escrime, seuls ou en petit groupe, à l'aide de robots-entraîneurs. Ces « coachs » personnels sont capables de les aider à progresser pas à pas, en évitant les mauvais mouvements.

16h : Relaxation

La journée termine par une courte séance de relaxation, inspirée des meilleures méthodes indiennes ou chinoises. Les élèves peuvent ainsi se détendre et apprendre à mieux maîtriser leur corps et leurs émotions.

2100 : APPRENDRE SANS EFFORT GRÂCE AUX NEUROSCIENCES ?

C'est un vieux rêve d'écolier : une machine qui permette d'apprendre une leçon instantanément et sans effort, en inscrivant directement dans le cerveau les connaissances à mémoriser. Et si ce vieux rêve devenait un jour réalité ?

Imaginez qu'il suffise de brancher un casque doté d'électrodes sur la tête, ou de s'allonger dans une étrange « machine à apprendre », pour transférer directement dans son cerveau des connaissances, à la manière d'un téléchargement informatique. Et ainsi « avaler » en quelques minutes les œuvres complètes de Molière, la technique nécessaire pour piloter un avion ou les rudiments de la pratique du surf.

Soyons clairs : cette idée fantaisiste relève de la science-fiction. Le cerveau n'est pas un ordinateur, capable de « stocker de l'information » sur un disque dur. Son fonctionnement est bien plus complexe que celui d'une machine, même la plus performante. Il y a de nombreuses manières d'apprendre : en imitant quelqu'un, en répétant des gestes, en corrigeant ses erreurs, en écoutant des explications... Et dans tous les cas, l'apprentissage est un processus lent qui ne consiste pas seulement à accumuler des informations.

Mais pourtant l'apprentissage se déroule dans le cerveau. Et, de nos jours, il est possible, grâce à l'IRM (l'imagerie à résonance magnétique – une machine qui permet de traduire en images l'activité du cerveau) d'observer de près et en temps réel la manière dont l'information circule dans le cerveau, quelles zones s'activent lorsqu'on pratique telle ou telle activité ou qu'on ressent telle ou telle émotion. Les sciences du cerveau (les neurosciences) ont déjà fait de nombreux progrès pour nous aider à comprendre ce qui se passe dans notre tête lorsque nous rêvons, par exemple. Et elles connaissent de mieux en mieux la manière dont les neurones se comportent lors de l'apprentissage.

Récemment, en 2011, des scientifiques américains et japonais ont démontré qu'il est possible d'apprendre simplement en stimulant certaines parties du cerveau. L'expérience qu'ils ont menée suggère qu'il est théoriquement possible d'analyser l'activité neuronale d'un sportif, par exemple, et de

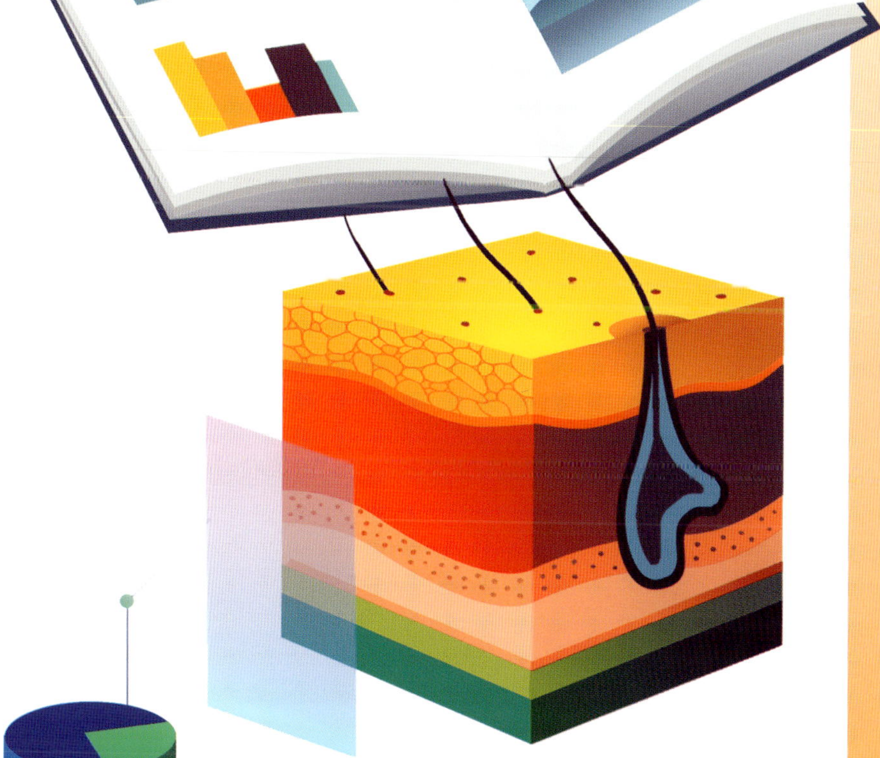

stimuler ensuite les mêmes zones du cerveau d'un débutant pour lui permettre d'acquérir une certaine habileté dans la pratique du même sport, sans avoir subi d'entraînement réel. Les plus optimistes imaginent déjà qu'il sera bientôt possible ainsi de transférer le savoir-faire d'un cerveau à l'autre, par une simple stimulation neuronale qui s'apparente à une forme d'hypnose.

Un expert britannique s'est même avancé à prédire que les étudiants du futur pourront effectivement, dans moins de trente ans, télécharger directement une leçon ou même le vocabulaire complet d'une langue étrangère, en connectant leur cerveau à une base de données (comme Internet). Cette prédiction paraît très illusoire mais le futur réserve sans doute bien des surprises aux plus sceptiques d'entre nous.

COMMUNIQUER EN 2050

UN PARCOURS EN RÉALITÉ AUGMENTÉE

Demain, notre corps sera directement connecté à ce qu'on appelle aujourd'hui Internet, par exemple par le biais de lentilles de contact. Le cyberespace sera tout simplement une nouvelle dimension de la réalité, superposée au monde qui nous entoure. Démonstration.

Djinn (16 ans) marche dans la rue, pour aller retrouver quelques amis en ville. Autour de lui, les immeubles, les arbres, les passants sont bien réels. Mais il regarde bien autre chose. Ses yeux sont équipés d'un outil indispensable à la vie moderne, en 2050 : des lentilles de contact à réalité augmentée. Elles lui servent à voir toutes sortes d'informations utiles.

D'abord, devant lui, des flèches discrètes s'affichent en trois dimensions, pour lui indiquer le chemin vers son lieu de rendez-vous. Mais il les suit sans même y penser, à droite, à gauche, tout droit… Le cerveau de Djinn est occupé ailleurs. Chaque bâtiment, chaque magasin et même chaque passant qu'il croise lui envoient des informations qu'il peut consulter. Par exemple, il vient de croiser un étrange monsieur qui a attiré son atten-

tion : en clignant de l'œil, il accède immédiatement à sa fiche d'identité publique : ce vieil homme se prénomme Thelonious. Il est américain, professeur de musique au Texas ; il a trois enfants, il aime les épinards et le football... Son âge est masqué. L'homme a décidé de ne pas divulguer cette information privée.

Djinn écoute de la musique en marchant. Soudain, elle s'interrompt : le lecteur virtuel qui s'affiche à droite de son champ de vision est remplacé par la photo d'une camarade de classe, Dinah. D'un double clin d'œil droit, Djinn accepte la communication vidéo. « Tu arrives bientôt ? », demande Dinah. Le compteur du GPS de Djinn apparaît devant ses yeux : « Dans 7 minutes », répond-il. « OK, à tout de suite. »

Au moment où la communication prend fin, Djinn passe à proximité d'une publicité murale. Tout de suite, un immense hologramme de dinosaure rouge en 3D se déploie devant lui, et menace à voix haute de l'avaler, sur fond de musique assourdissante, s'il refuse l'offre alléchante d'un magasin de maquillage pour hommes. Djinn zappe l'image d'un clin d'œil agacé. Il pensait pourtant avoir activé l'anti-pub de ses lentilles !

Cette publicité intempestive lui rappelle alors qu'il a oublié d'acheter le cadeau d'anniversaire de sa mère. « Internet ! demande Djinn à haute voix, trouve-moi l'offre la moins chère de week-end en pleine nature pour ma mère au mois de mai, dans une région ensoleillée si possible. » Devant ses yeux s'affichent les résultats de sa recherche sur Internet. « J'achète l'offre numéro 3 ». Immédiatement, la tirelire virtuelle de Djinn, gérée par une banque en ligne, est décomptée du montant du cadeau, qui sera envoyé à sa mère le jour de son anniversaire. Voilà pour le shopping !

Enfin, Djinn arrive dans un bar réservé aux lycéens où l'attendent ses amis. Il salue les uns et les autres, tandis que les informations « sociales » de chacun s'affichent en images à côté de leur visage : prénom, âge, goûts musicaux, résultats scolaires... Parmi eux, un visage est inconnu. Mais il est inutile de se présenter : Djinn se contente de lui serrer la main. Il sait déjà, grâce à ses lentilles de contact, que ce jeune homme est un cousin de Dinah qui se prénomme Zoot et qui vient d'arriver de Suède pour le week-end. Il ne parle pas le français. Pourtant, Djinn le comprend parfaitement. En effet, lorsqu'ils discutent, les mots de chacun sont traduits automatiquement. En 2050, la barrière de la langue n'a plus aucune importance.

L'AVENIR D'INTERNET : LES OBJETS CONNECTÉS

Impossible d'imaginer le monde d'aujourd'hui sans le web, les mails, les réseaux sociaux... Mais ce n'est encore qu'un début ! Après être devenu mobile (avec les téléphones portables et les tablettes), Internet va désormais s'introduire dans les objets qui nous entourent, accompagner chacun de nos gestes et comprendre le langage des humains.

Le geste et la parole : communiquer dans le futur

Oubliez les ordinateurs, les tablettes et même les mobiles avec leurs écrans tactiles. Ces appareils sont voués à disparaître. Plutôt que taper sur un clavier, cliquer avec une souris ou avec leur doigt sur un écran, les internautes du futur utiliseront des moyens plus simples et plus efficaces d'accéder à l'information et aux réseaux. Un seul geste à proximité d'un objet ou d'un écran suffira à lui donner un ordre. On pourra aussi manipuler de la même manière des images de synthèse, en trois dimensions, qui flotteront devant nos yeux. La parole sera un autre moyen pratique de s'adresser aux machines et de faire des recherches sur l'Internet du futur. Les commandes vocales commencent déjà à se développer, par exemple sur les téléphones mobiles. Demain, elles seront beaucoup plus efficaces et s'en servir sera aussi simple que de s'adresser à un être humain, dans son langage naturel.

La réalité augmentée

Cette technologie permet de superposer des images de synthèse en trois dimensions à la réalité qui nous entoure. Elle représente sans doute l'une des pistes de l'avenir d'Internet. Tous les objets seront dotés d'un système qui leur permettra, en se connectant par exemple à des lentilles de contact comme celles de Djinn, d'afficher des informations pratiques sous forme de texte ou d'images. La réalité augmentée est déjà techniquement possible. Il est probable qu'elle fasse partie de notre vie quotidienne bien avant 2050.

L'Internet des objets

Les objets qui nous entourent vont aussi devenir de plus en plus intelligents. Ils seront très souvent capables de s'autoprogrammer, pour répondre à nos souhaits sans même qu'on ait besoin de leur demander. Par exemple, il suffira de s'approcher d'une porte d'entrée pour qu'elle s'ouvre en reconnaissant notre visage. Les objets connaîtront nos habitudes, à force de nous avoir observés, de la même manière qu'un moteur de recherche sur Internet est aujourd'hui capable de faire des suggestions personnalisées aux utilisateurs en fonction de leurs recherches précédentes. Les objets apprendront également à communiquer entre eux, grâce à des puces électroniques. Cette technologie, qu'on appelle l'Internet des objets, existe déjà. Elle permet par exemple à un réfrigérateur ultramoderne de faire lui-même l'inventaire de son contenu, et de se connecter à Internet pour commander du jus d'orange ou de la salade verte s'il en manque. C'est aussi sur ce principe que reposera la réalité augmentée.

L'AVENIR D'INTERNET : 9 MILLIARDS D'« AMIS » VIRTUELS

Le web intelligent (dit « sémantique »)

Les recherches sur Internet peuvent encore évoluer considérablement. Actuellement, les moteurs de recherche s'utilisent à l'aide de mots clés. Un outil comme Google se contente de « scanner » les pages de l'Internet mondial à la recherche de tel mot, ou de telle combinaison de mots, puis de classer les pages où ces mots apparaissent. Les chercheurs en informatique veulent aller plus loin : mettre au point un moteur de recherche qui soit capable de répondre à une question, formulée naturellement. Ainsi, dans l'avenir, la recherche sur Internet sera peut-être aussi simple qu'une conversation avec un individu. Il suffira de demander, en langage courant, pour obtenir immédiatement le résultat d'une question. Par exemple, « Internet, combien y a-t-il de pays peuplés de plus de 20 millions d'habitants dans le monde ? » Le moteur de recherche pourra répondre, du tac au tac : « Il existe 56 pays de plus de 20 millions d'habitants dans le monde*. »

** Ce chiffre est valable en 2011.*

L'avenir des réseaux sociaux

Les réseaux sociaux, comme Facebook ou Twitter, rassemblent déjà des centaines de millions de personnes. Mais dans l'avenir, Internet tout entier se présentera comme un immense réseau social, qui reliera quasiment tous les habitants de la planète (9 milliards en 2050), tous connectés comme des amis virtuels. Sans doute des réseaux sociaux spécialisés vont se développer en même temps. Les réseaux sociaux seront aussi le moyen le plus efficace de communiquer avec les autres : le téléphone et les e-mails, par exemple, auront disparu. Pour entrer en relation avec n'importe quelle personne de la planète, il suffira de demander à Internet.

Le péril de la surveillance généralisée

Même les objets auront des yeux ! Le monde de demain, plus encore qu'aujourd'hui, sera très indiscret. Nous serons en permanence scrutés par une multitude de machines connectées les unes aux autres. Le mot « incognito » devra être retiré du dictionnaire ! Ce sera sans doute bien pratique, par exemple pour retrouver des criminels dans le cadre d'une enquête de police. Mais un monde dans lequel tous sont sur écoute, incapables de se cacher, risque fort de se ressembler à un cauchemar. Car chaque être humain a besoin d'intimité, de secret, de discrétion. Et de liberté ! Le premier réflexe des dictateurs est souvent de surveiller la population. Si les caméras sont omniprésentes, les libertés sont en danger, car il est toujours possible de les utiliser contre les personnes qui critiquent, qui dérangent, ou qui ont un mode de vie original. Il faut donc prendre garde à ce que les technologies ne fassent pas de nous des prisonniers, épiés à chaque moment par des yeux invisibles.

L'abolition de la vie privée ?

Plus Internet se développe, plus la vie privée des utilisateurs recule. Par exemple, aujourd'hui, les moteurs de recherche enregistrent toutes nos recherches et proposent des publicités ciblées en fonction de ce que nous aimons. Sur les réseaux sociaux, chacun est encouragé à publier un maximum d'informations sur soi-même : hobbies, idées politiques, relations amoureuses... Demain, tous les objets qui nous entourent seront connectés ; ils collecteront des informations sur nous et sur nos habitudes. La notion même de vie privée va-t-elle disparaître ? Si tout le monde partage publiquement à chaque moment le lieu où il se trouve, ses amis, son humeur, ses idées, c'est bien ce qui risque d'arriver. À moins que chacun décide de se protéger, pour ne pas rendre public tous ses petits secrets.

2100 : LA TÉLÉPATHIE ?

Après les commandes vocales et gestuelles, un moyen de communication encore plus spectaculaire pourrait apparaître dans le futur : la transmission de pensées. Aussi extraordinaire que cela puisse paraître, la télépathie fait l'objet de recherches sérieuses.

Un ordinateur connecté au cerveau

Les scientifiques travaillent depuis longtemps au moyen de contrôler un ordinateur par la seule force de la pensée. Et ils sont déjà parvenus à des résultats significatifs. La technique consiste à se coiffer d'un casque doté d'électrodes, ou à implanter dans le cerveau une puce électronique capable d'analyser les signaux électriques. En effet, chacune de nos pensées se traduit par une activité électrique (et chimique) entre les neurones, qui peut être mesurée. Ces électrodes ou cette puce électronique sont ensuite connectés à un ordinateur, qui comprend les ordres donnés par le cerveau de l'utilisateur. Il est un peu exagéré de parler de véritable contrôle par la pensée : pour l'instant, le système est rudimentaire. Mais il est déjà suffisant pour lire et envoyer des mails, naviguer sur le web, voire jouer à des jeux vidéo... Pour l'instant, ce système est d'abord conçu pour aider des personnes paralysées à utiliser un ordinateur sans clavier, ni souris, ni même commandes vocales. De même, il existe aussi déjà des prothèses (c'est-à-dire des membres artificiels) connectées au cerveau : la pensée suffit à les manipuler, sur le modèle des bras ou des jambes naturels. En 2050, ces techniques qui servent à relier directement le cerveau à des outils numériques auront fait des progrès considérables.

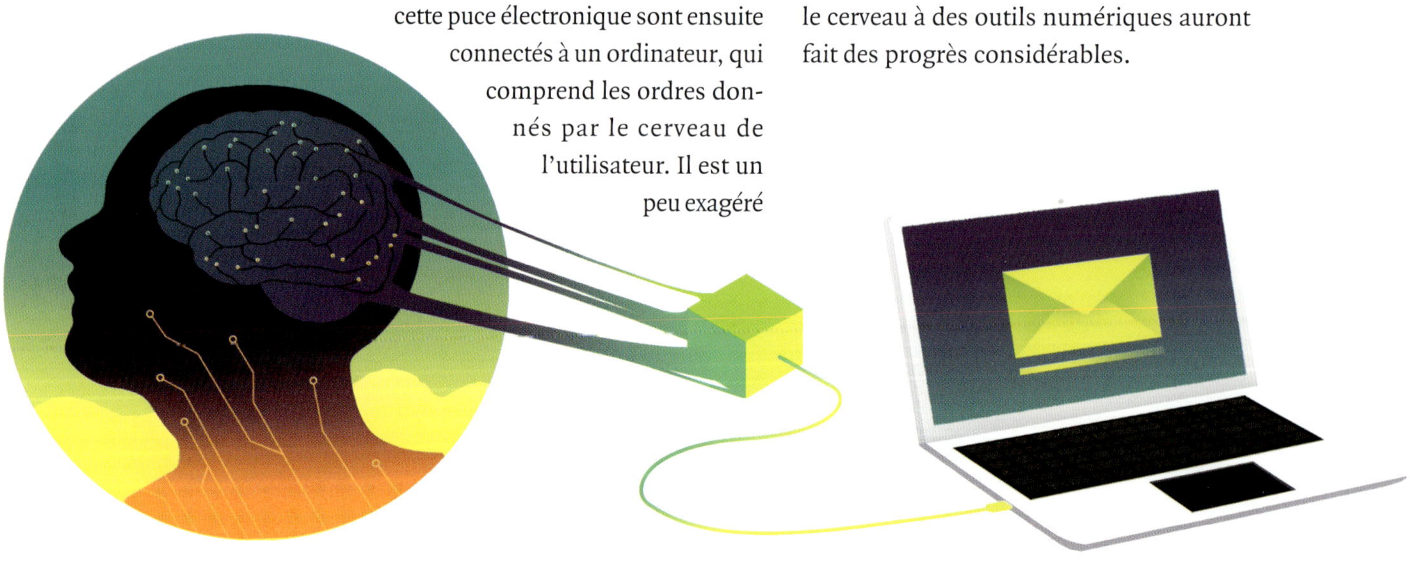

La télépathie pour les soldats

L'armée américaine rêve d'aller plus loin. Elle a déjà financé un programme de conception d'un système de communication entre les soldats baptisé « conversation silencieuse » (*Silent Talk*). Cette idée folle se rapproche véritablement de la télépathie. Elle consisterait à recueillir les signaux électriques qui se forment entre les neurones au moment de prononcer des paroles et de les transmettre d'un cerveau à l'autre. Au lieu de parler dans un talkie-walkie, et d'échanger ainsi des sons, les soldats pourraient échanger directement leurs « pensées », sans avoir besoin de prononcer des mots à voix haute. Ainsi, les ordres seraient transmis sous une forme télépathique, rapide et silencieuse. Les militaires imaginent aussi d'autres applications basées sur l'étude du cerveau. Par exemple, ils rêvent de créer un système qui permettrait, selon le même principe, de contrôler le cerveau des ennemis, en leur envoyant des « pensées » sous forme de signaux électriques. La télépathie deviendrait une arme redoutable : en prenant le contrôle des pensées d'un adversaire, il serait possible de soumettre sa volonté de manière encore plus efficace que par l'usage des armes. Mais il ne s'agit pour l'heure que de programmes de recherche : la télépathie n'est pas encore pour demain.

MES LOISIRS EN 2050

S'ÉVADER DANS LES MONDES VIRTUELS

Internet et les mondes virtuels occupent déjà une grande place dans la vie quotidienne des ados. Dans l'avenir, la réalité virtuelle sera une deuxième vie aussi importante que le réel. Explorer, en immersion complète, des univers fictifs plus vrais que nature sera sans doute le loisir le plus banal dans le futur.

Sitôt rentrés du collège, nombreux sont les ados (comme les adultes) qui consacrent leur temps libre aux réseaux sociaux ou à des jeux vidéo multi-joueurs. La place de cette seconde vie virtuelle, qui a déjà remplacé la télévision comme loisir de base de nombreux Français, ne va pas cesser de grandir. Il est déjà possible de communiquer, de s'instruire, de jouer, de se faire des amis en explorant des mondes virtuels (comme Second Life, Mamba Nation...). Ces univers connectés, à mi-chemin entre les jeux vidéo et les réseaux sociaux, sont apparus il y a plus de 10 ans. Ils préfigurent sans doute l'avenir. En 2050, il sera certainement courant de s'évader de la réalité pour s'immerger complètement dans des mondes fantaisistes.

Aujourd'hui, Internet ne nous permet d'accéder qu'à des images et des sons. Demain, nos cinq sens seront absorbés par les expériences virtuelles : en ligne, nous pourrons toucher les objets et les personnes, sentir des odeurs... Ce sera un excellent moyen de se divertir de la vie quotidienne. Mais le risque, c'est que les mondes virtuels deviennent si réalistes et attractifs que certains y trouvent un refuge pour oublier une vie réelle trop peu satisfaisante. Les « no-life », ces personnes qui fuient la réalité au profit des jeux vidéo et d'Internet, risquent d'être encore plus nombreux dans le futur.

Jeux vidéo en immersion

Ils sont déjà très réalistes. Pourtant, les jeux vidéo actuels paraîtront préhistoriques aux joueurs de 2050. À l'aide de lunettes ou de lentilles de contact, par exemple, ils pourront faire l'expérience d'une immersion totale dans l'univers de leur choix. Il ne sera plus question de contrôler un personnage à l'aide d'une manette. Le personnage sera le joueur lui-même, capable de se déplacer dans les décors, de toucher les murs, de serrer la main d'un allié ou de « ressentir» l'impact des balles. Les images, les sons mais aussi les odeurs, toutes les sensations lui paraîtront aussi vraies que nature. Il sera possible de jouer avec d'autres personnes qui apparaîtront dans le décor en trois dimensions. La rencontre avec un monstre, un mort-vivant ou un dangereux tueur sera aussi saisissante que dans un cauchemar. Heureusement, il sera toujours possible de décrocher et d'éteindre le jeu en un clin d'œil. Pour mieux y revenir plus tard.

Une soirée entre amis

Il sera peut-être aussi banal, en 2050, de passer du temps avec des amis ou des membres de sa famille sous une forme à moitié virtuelle. Imaginons par exemple une soirée entre amis. Sur le canapé du salon pourront s'asseoir deux camarades de classe, en chair et en os. Mais on pourra aussi inviter un cousin habitant à des centaines de kilomètres à se joindre à eux. Il lui suffira de se connecter à Internet depuis sa maison. Il apparaîtra alors sur le canapé sous forme d'une image en trois dimensions, hyper réaliste. Lui-même, sur son propre canapé, aura le sentiment d'être assis avec ses camarades, comme s'ils étaient ses propres invités. Tous ensemble, ils pourront discuter mais aussi jouer à un jeu ou regarder un film, comme dans la réalité.

L'AVENIR DES LOISIRS ET DE LA CULTURE

En 2050, nous continuerons d'écouter de la musique, de lire, de regarder des films... La technologie nous donnera aussi les moyens de pratiquer ces activités culturelles avec plus de facilité. La créativité de chacun ne manquera pas de moyens pour s'exprimer.

Musique : un grand concert d'hologrammes

Les instruments que nous connaissons, comme la guitare, la flûte ou le piano, ne vont pas disparaître du jour au lendemain. Mais d'autres plus originaux apparaîtront. Par exemple, une table à écran tactile (comme celui d'un téléphone mobile) permet déjà aujourd'hui de composer des sons en déplaçant des images avec les mains. Impossible d'imaginer les instruments de 2050. Mais nombre d'entre eux seront sans doute simplifiés, conçus pour jouer sans effort, sans connaissances musicales particulières, afin de permettre à chacun de s'amuser et de s'exprimer en musique. Et les concerts seront des expériences encore plus étonnantes qu'aujourd'hui. Récemment, des hologrammes (images en 3D) de musiciens disparus sont apparus sur scène, comme celui du rappeur américain Tupac (mort en 1996) lors d'un concert en Californie en 2012. En 2050, les membres des Rolling Stones, le célèbre groupe de rock, seront morts. Mais ils joueront peut-être encore dans les stades du monde entier, sous forme d'hologrammes ! Ce qui est sûr, c'est que la musique continuera d'enflammer les cœurs : elle rythme la vie des humains depuis la nuit des temps.

Le livre : le papier n'a pas dit son dernier mot

Aujourd'hui, à l'heure d'Internet, on lit et on écrit tout autant que dans le passé. Simplement, on le fait désormais souvent à l'aide d'un ordinateur, d'une tablette ou d'une liseuse numérique. À court terme, le livre sera de plus en plus souvent numérique. Il existe déjà des modèles de papier numérique, flexibles et pliables, qui permettent de télécharger livres ou journaux sur une sorte d'écran souple qui ressemble à une feuille de papier. Grâce à cette technologie, les livres pourront souvent comporter des images ou des sons de haute qualité. Un polar pourra ainsi se présenter sous la forme d'un livre intégrant des éléments vidéo, un feuilleton télévisé ou un jeu vidéo interactif. Par ailleurs, même si sa place sera moins importante, le papier n'a pas de raison de disparaître, à condition d'être recyclable. En effet, c'est un support pratique, léger, peu coûteux et dont l'emploi ne nécessite pas d'énergie. Le bouquin banal a donc toutes les raisons de survivre malgré la concurrence des livres électroniques et multimédias.

Le cinéma : un festival de films de rêves

Rien de plus facile aujourd'hui que de regarder un film chez soi. Pourtant, pour l'instant, les cinémas n'ont pas été désertés. Malgré tout, il n'est pas impossible qu'en 2050, les salles de cinéma aient vraiment disparu, car chacun pourra disposer chez lui d'un équipement professionnel de cinéma en 3D. Faire des films en amateur sera aussi plus facile encore qu'aujourd'hui. Actuellement, le moindre téléphone portable est équipé d'une petite caméra. Demain, il sera possible pour chacun de tourner des images de qualité professionnelle. Et pourquoi pas de filmer ses rêves ? Certains pensent qu'il sera en effet bientôt possible d'enregistrer les images de notre imagination ou de notre mémoire grâce à des machines qui analysent l'activité des neurones. Pensez très fort à un chat... La machine, connectée à votre cerveau, sera capable de reproduire grossièrement les traits de ce chat ! De là à imaginer enregistrer une trace de ses rêves, sous forme d'images vidéo un peu floues mais insolites, il n'y a qu'un pas. Quelle formidable source de créativité ce serait pour les artistes vidéo ! Cette idée n'est pas si folle qu'elle y paraît. Mais elle ne reste pour le moment... qu'un doux rêve.

PRENDRE SOIN DE SON CORPS

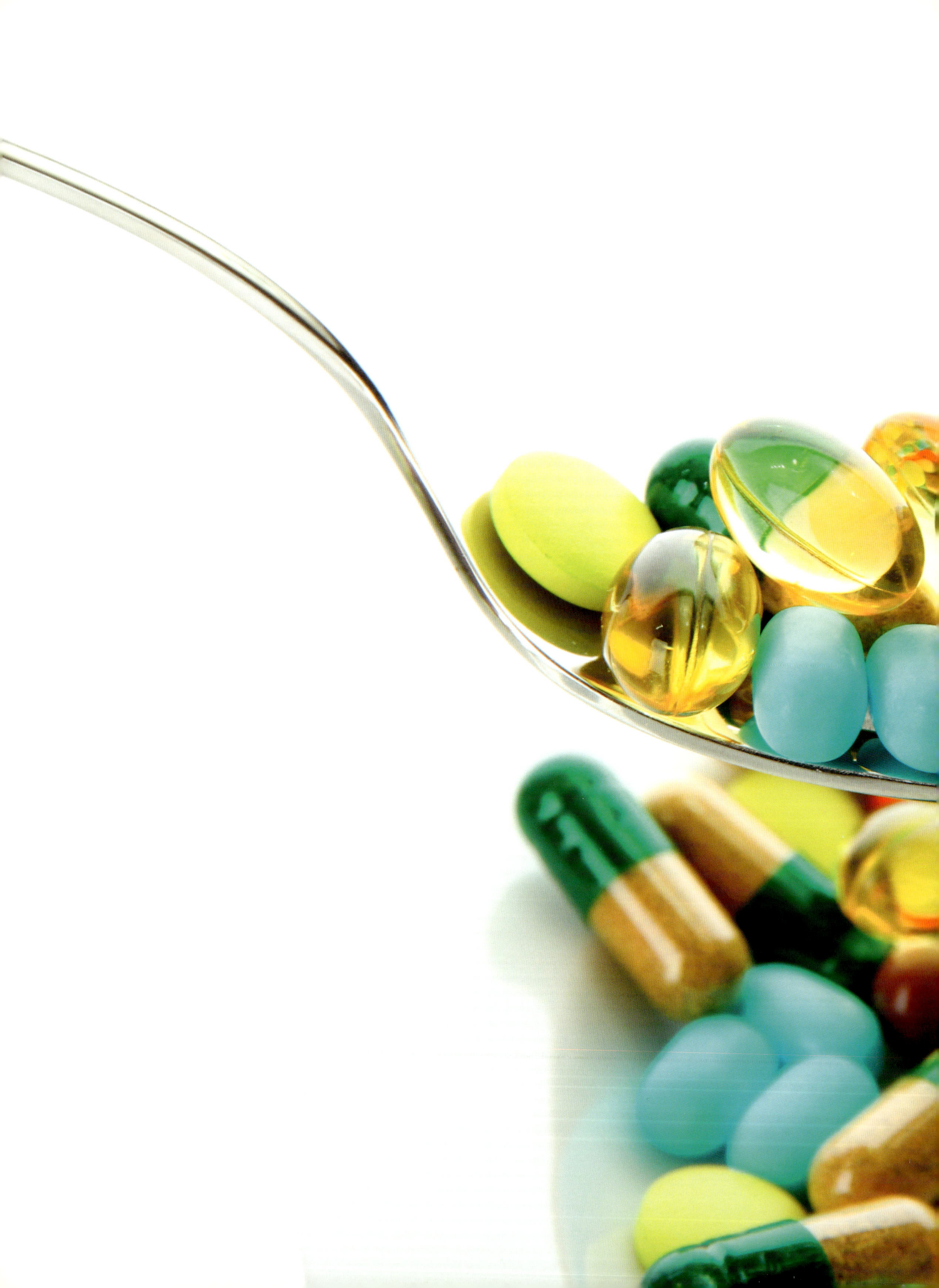

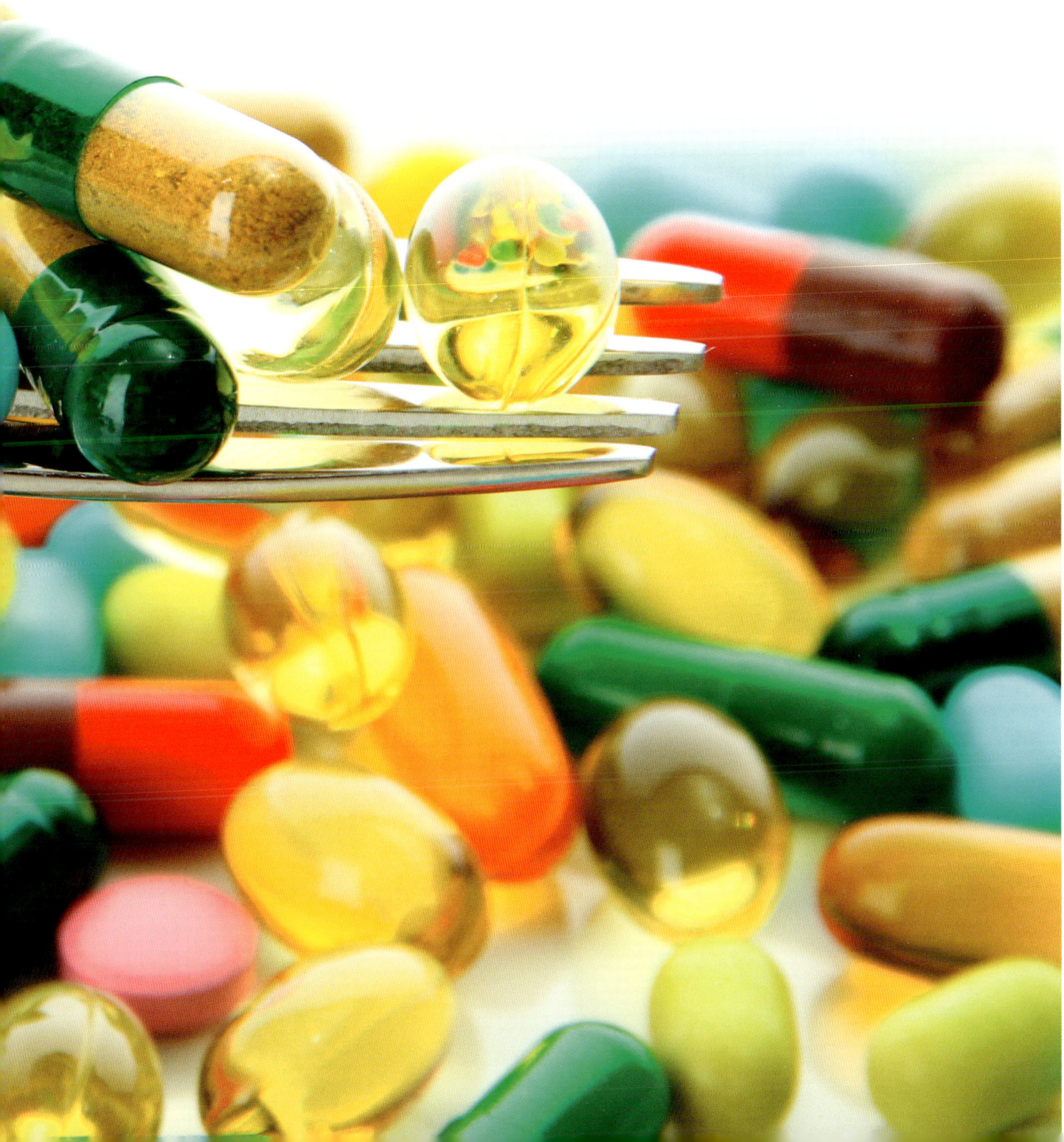

À TABLE !

MON ASSIETTE EN 2050

Dans l'assiette du futur :

Contrairement à une idée reçue, nous ne sommes pas près de nous nourrir de pilules. Au contraire, l'alimentation du futur sera sûrement plus « naturelle » qu'aujourd'hui. L'agriculture « bio » va se développer. Et, en 2050, notre assiette sera encore pleine de fruits et légumes. Par contre, la viande va devenir plus rare. En effet, le bétail consomme beaucoup trop d'eau, et l'eau devient de plus en plus précieuse. À la place, on mangera peut-être des insectes et de nouveaux aliments riches en protéines*, comme le coton par exemple. À moins qu'on fabrique de la viande artificielle, dans des laboratoires.

Notre menu sera aussi, sans doute, moins exotique qu'aujourd'hui. Actuellement, nos aliments proviennent du monde entier : bananes du Cameroun, poisson coréen, maïs américain... Mais, avant d'arriver dans nos assiettes, ces produits sont transportés en avion, en bateau ou en camion. Tous ces transports dépensent beaucoup d'énergie et polluent l'atmosphère. Or, le réchauffement climatique va nous obliger à limiter les transports inutiles. Notre alimentation sera donc plutôt « locale », cultivée près de chez nous, et même en ville, dans les jardins, sur les terrasses et les toits des immeubles.

**Les protéines sont des molécules indispensables au corps humain. Les principales sources sont animales : viande, poisson, œufs, produits laitiers...*

Poêlée d'insectes grillés

Vous reprendrez bien des grillons frits ? Ou un peu de salade de vers ? Chenilles, coléoptères, guêpes ou termites sont déjà largement consommés dans le monde, notamment en Afrique ou en Asie où ils sont considérés comme des mets raffinés. Il existe environ un millier d'espèces d'insectes comestibles.

Purée de coton

Une grande partie de nos vêtements sont tissés avec la fibre du coton, les poils qui entourent la graine de la plante. Demain, il sera peut-être possible en plus de manger la graine, riche en protéines. Des scientifiques du Texas ont réussi à supprimer le poison qu'elle contient, en modifiant ses gènes. Il paraît que ça a le goût du pois chiche.

Légumes géants de l'espace

La Chine a envoyé des graines séjourner en orbite. Les radiations cosmiques ont modifié leurs propriétés génétiques. Résultat : une fois plantées sur terre, les semences se sont révélées plus productives. Les fruits et légumes récoltés sont aussi 300 fois plus riches en vitamines. Certaines variétés géantes, comme une citrouille de 60 kilos, ont attiré la curiosité du monde entier. Pas très rassurant tout de même...

Soda programmable

À première vue, ce soda n'a ni saveur ni couleur. L'une et l'autre dépendent de votre humeur ! Amer ou sucré ? Framboise ou vanille ? À vous de choisir parmi une sélection de parfums préprogrammés. Ces saveurs sont contenues dans la boisson sous forme de nano-capsules, des composants minuscules conçus à l'échelle des atomes (quelques milliardièmes de mètre). Si ces nano-capsules sont « activées », par exemple par micro-ondes, elles libèrent l'arôme qu'elles contiennent. Autrement, elles restent imperceptibles. Ce soda futuriste a déjà été testé.

Bifteck de labo

Le premier burger artificiel est né en 2011 à Maastricht, aux Pays-Bas. Une équipe de biologistes est parvenue à reconstituer un morceau de muscle in vitro, c'est-à-dire en laboratoire, en cultivant des cellules prélevées sur un bœuf. Pas très appétissant pour l'instant.

9 MILLIARDS DE BOUCHES À NOURRIR

La famine va-t-elle disparaître un jour ? Aujourd'hui dans le monde, plus d'une personne sur six souffre de la faim. Et en 2050, nous serons plus nombreux sur la Terre : 9 milliards d'êtres humains. Pour nourrir tout le monde, il faudra produire deux fois plus de nourriture. Et d'abord là où elle manque le plus : en Afrique.

Mais il faudra trouver le moyen de cultiver plus sans détruire l'environnement. En effet, les agriculteurs utilisent souvent des produits chimiques et toxiques, comme des engrais et des insecticides. En Europe et aux États-Unis, par exemple, l'agriculture est très performante, mais elle est aussi trop polluante.

L'agriculture utilise aussi beaucoup d'eau. Or, dans certaines régions d'Afrique, l'eau manque déjà terriblement. Alors, que faire ? Certains scientifiques proposent de cultiver des plantes génétiquement modifiées (OGM) capables de résister à la sécheresse. Mais les OGM sont coûteux, impopulaires, et peut-être même dangereux. Il existe sans doute de meilleures solutions, comme « l'agro-écologie ». C'est une méthode écologique qui consiste à cultiver la terre sans utiliser de produits chimiques ni dépenser trop d'eau.

Mais surtout, rien ne sert de produire plus de nourriture si elle reste aussi mal répartie : abondante et gaspillée dans les pays riches, trop rare et chère dans les pays les plus pauvres. Pour combattre la faim, partout dans le monde, il faut s'attaquer à la principale responsable : la pauvreté.

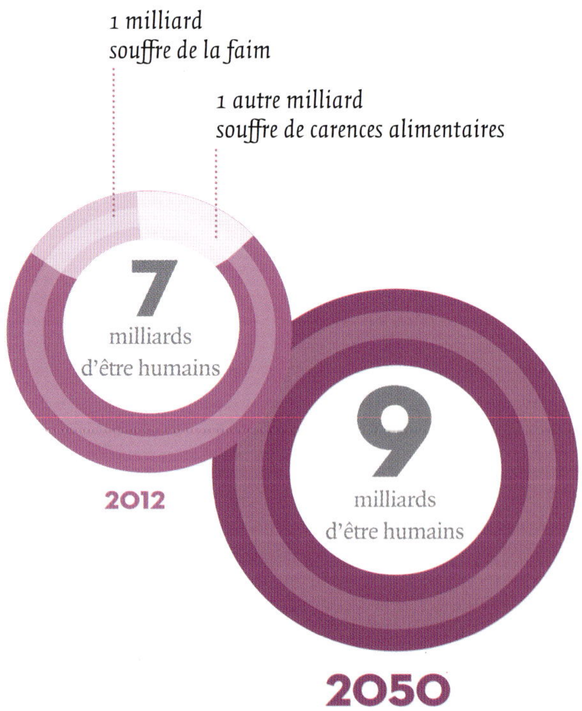

Solutions d'avenir :

L'agriculture urbaine

Demain, la ville ressemblera peut-être à un grand jardin potager. Chaque toit, chaque balcon pourra servir à cultiver des plantes comestibles. Dans les villes pauvres, c'est déjà un moyen de lutter contre la faim. À Dakar, au Sénégal, ou à Nairobi, au Kenya, par exemple, l'agriculture urbaine commence à se développer.

Du plancton contre la malnutrition

Le plancton est l'ensemble des végétaux ou des animaux minuscules qui grouillent dans la mer et les rivières. Il est connu pour être très nourrissant. Notamment la spiruline : une algue bleu-vert microscopique. Cette bactérie est un concentré exceptionnel de protéines et de vitamines. Elle est déjà utilisée dans plusieurs pays pour aider les enfants qui souffrent de graves carences alimentaires.

Gratte-ciels agricoles

Au cœur des villes du futur, les architectes imaginent aussi des gratte-ciels qui pourraient abriter des fermes et des cultures. Chaque étage serait consacré à différentes variétés de céréales, de fruits et légumes, et même à l'élevage de poules pour produire des œufs par exemple.

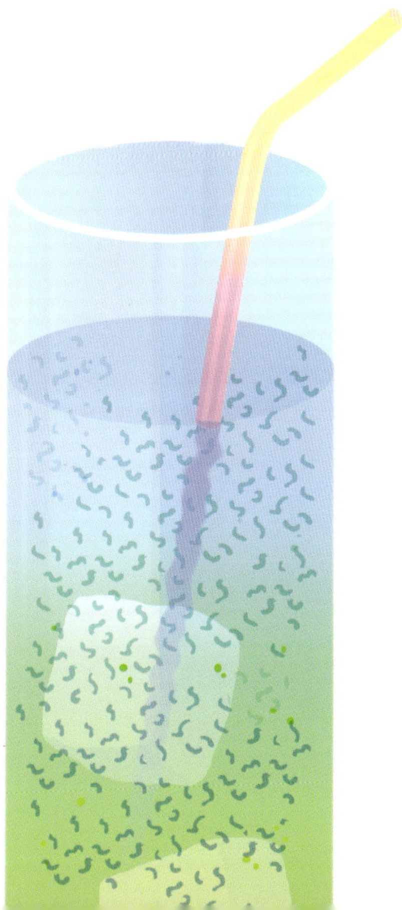

MANGERONS-NOUS DES GÉLULES ?

À l'époque des premiers voyages sur la Lune, dans les années 1960-1970, on imaginait souvent que l'alimentation du XXIe siècle ressemblerait à celle des cosmonautes. En 2012, les pilules et les plats lyophilisés (comme le café soluble ou la soupe en poudre) auraient déjà dû envahir nos assiettes. Pourtant, cela n'est pas vraiment arrivé et n'arrivera sans doute jamais.

Techniquement, un repas de gélules n'est pas difficile à mettre au point. Mais, pour couvrir nos besoins quotidiens en énergie, il faudrait avaler chaque jour un demi-kilo de gélules. Beurk ! Et ce n'est pas le seul problème. Si l'alimentation devenait un simple geste sanitaire, nous risquerions de perdre l'appétit. Les repas jouent aussi un rôle important dans notre vie sociale. Manger ensemble, en famille, entre amis, est un moment convivial, que des gélules ne peuvent pas remplacer.

Les pilules alimentaires n'ont donc pas beaucoup d'avenir. En revanche, d'autres formes d'aliments artificiels vont progresser. Les plats cuisinés, surgelés, prêts à manger vont continuer à se perfectionner. Des aliments « intelligents », personnalisés selon les goûts de chacun, pourraient même apparaître bientôt dans nos assiettes.

Des aliments intelligents

Que diriez-vous d'un hamburger au goût de fraise ? Ou plutôt de menthe ? Ou de cacao ? La couleur ou la saveur des aliments dépendent des atomes, les minuscules particules de matière, qui les constituent. Il est possible de les manipuler en utilisant des microscopes très puissants. En modifiant la composition atomique des aliments, on pourrait personnaliser et programmer leurs goûts et leurs couleurs. Un yaourt pourrait par exemple devenir rouge, pour avertir qu'il est périmé. À la demande, le lait prendrait la couleur d'un jus de fruit ou le goût d'un soda. La saveur des plats pourrait dépendre tout simplement des choix de chacun. À condition toutefois que ces aliments futuristes soient sans danger pour la santé.

Une partition de saveurs

Un musicien compose une mélodie en choisissant des notes et des rythmes. Un jour, les cuisiniers pourront peut-être composer des recettes de la même manière, en sélectionnant, non pas des ingrédients, mais des goûts, des couleurs, des textures... Il leur suffirait de choisir parmi une gamme de molécules et d'inventer des combinaisons, pour créer de nouveaux aliments. Par exemple, une cerise bleue et croquante, au goût de poulet amer et sucré. La créativité des grands chefs n'aurait plus aucune limite !

Le chewing-gum de Willy Wonka

Des scientifiques britanniques ont mis au point un chewing-gum capable d'imiter les saveurs d'un repas complet : soupe de tomate, rôti de bœuf, tarte aux myrtilles. Mâché, le chewing-gum diffuse progressivement chacun des arômes de ces plats. Pour l'imaginer, les scientifiques se sont inspirés de *Charlie et la chocolaterie*, le célèbre roman de Roald Dahl, dans lequel le jeune chocolatier Willy Wonka a inventé un chewing-gum qui remplace à lui tout seul un repas complet.

MA SANTÉ EN 2050

2050 : UN MÉDECIN AUTOMATIQUE

2050 : les maladies sont sous haute surveillance. Des détecteurs implantés sous la peau, comme de minuscules puces électroniques, veillent sur le corps humain. Et si un organe est abîmé ou fonctionne mal, il suffit de le faire repousser.

Ce dimanche matin, Ella (11 ans) se sent un peu patraque. En entrant dans la salle de bain, elle décide d'interroger son « self-docteur », son médecin automatique. C'est simple : depuis sa naissance, le corps d'Ella est équipé de capteurs, implantés sous la peau, qui surveillent son état de santé en permanence. Ces détecteurs invisibles, de taille microscopique, prennent sa température, analysent son sang, repèrent les infections, contrôlent son ADN (voir encadré)... Il suffit de s'approcher du miroir de la salle de bain : tout de suite, un écran apparaît, qui se connecte au corps d'Ella pour afficher toutes sortes d'informations sur sa santé. Ce système, c'est ce qu'elle appelle son docteur automatique.

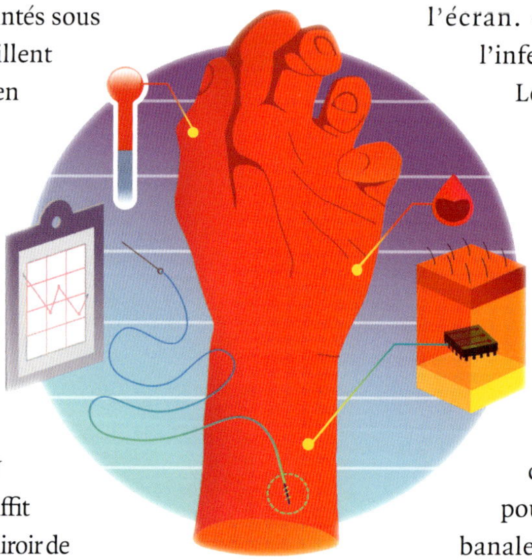

« Analyse en cours... », affiche l'écran. « Résultat : aucune anomalie. » Ouf ! Rien de grave. Seule une « légère infection » est détectée : le virus du rhume est en train de se multiplier dans le nez, la gorge et les bronches. Voilà pourquoi Ella se trouve un peu malade aujourd'hui : un simple rhume. « Symptômes à prévoir : éternuements, toux, irritation de la gorge », prévient l'écran. « Durée prévue de l'infection : 4 à 5 jours. » Le médecin automatique propose aussi un traitement : quelques jours de repos, des boissons chaudes et un léger médicament contre la douleur. Inutile de se déplacer chez un vrai médecin pour une maladie aussi banale. Ella n'a d'ailleurs pas vu de vrai médecin depuis plusieurs années.

Malgré la fatigue, elle se réjouit : voilà une excellente excuse pour rater l'école demain ! D'un clic sur l'écran, elle décide d'envoyer un mot d'absence au collège, signé du « self-docteur ». En cas de problème plus sérieux, le corps d'Ella, grâce à ses capteurs, est aussi capable d'appeler lui-même un vrai médecin et même d'alerter les secours en cas d'urgence. Si, à cause d'un accident par exemple, Ella devait se retrouver à l'hôpital, les médecins pourraient aussitôt avoir accès à son dossier médical, qui est enregistré dans ces capteurs : l'historique des maladies d'Ella, ses allergies, l'ensemble de ses gènes (voir encadré)... Mais ce matin, le docteur refuse d'envoyer le mot d'excuse : « Autorisation des parents requise ! », précise la machine. Ella soupire. D'un clic, elle transmet le message à sa mère, qui décidera ou non de le valider.

Au moment de quitter la salle de bain, Ella remarque un message qui clignote sur l'écran : « Votre nouvelle dent est prête à être implantée. Rendez-vous chez le dentiste le 30 juin, à 15 heures. » Déjà ! En effet, la semaine dernière, Ella s'est brisé un morceau de dent. Heureusement, rien de plus facile à réparer. En 2050, nul besoin de fabriquer une dent artificielle, en métal ou en céramique. Il n'est pas plus difficile pour un dentiste de faire repousser une vraie dent que pour un jardinier de cultiver une plante dans un pot de terre. Il suffit de mettre en culture des cellules prélevées sur le corps d'Ella pour recréer une dent naturelle, toute neuve.

Les gènes :

hérités du père et de la mère, les gènes déterminent en partie ce que nous sommes – par exemple, la couleur de nos yeux ou de nos cheveux – et permettent à notre corps de fonctionner et de s'entretenir pendant toute la vie.

L'ADN :

c'est une molécule extraordinaire, qui contient l'ensemble des gènes d'un être vivant. L'ADN est contenu au cœur de chacune des cellules parmi les milliards qui composent le corps humain.

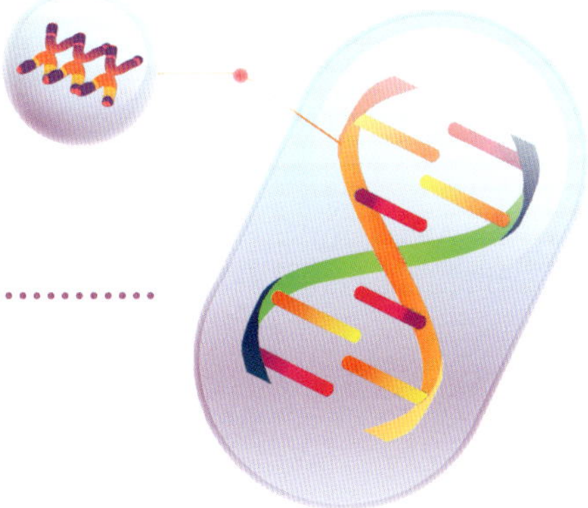

UN CORPS DE RECHANGE : LA MÉDECINE DU FUTUR

Pourra-t-on un jour fabriquer un organe de rechange, par exemple un cœur, un foie, un œil ou une dent, pour remplacer un organe abîmé à cause d'une maladie ou d'un accident ? Aussi extraordinaire que cela puisse paraître, ce n'est déjà plus de la science-fiction.

Des organes en stock

Le corps humain est composé de milliards de cellules spécialisées, qui forment différents organes, comme les poumons, les reins, le cerveau... Mais il existe aussi des cellules non spécialisées, capables de se « transformer » en cellules de n'importe quel organe. Ce sont les cellules « souches »*. Elles peuvent être cultivées en laboratoire : on les laisse se multiplier, s'assembler, pour qu'elles composent des « tissus » (groupes de cellules) voire des organes complets. Récemment, des médecins sont ainsi parvenus à soigner le cœur d'un malade en y injectant des cellules saines. Ces cellules toutes neuves sont allées remplacer des cellules détruites, ce qui a permis à ce cœur malade de fonctionner à nouveau normalement. En 2050, il sera peut-être même possible de reconstituer ainsi des organes entiers, en laboratoire ou à l'intérieur de l'organisme. Une sorte de corps humain en pièces détachées.

**Ces cellules se trouvent surtout dans l'embryon, le premier stade de développement d'un être humain, avant la naissance. Les utiliser fait débat, car l'embryon ne peut pas être considéré comme un simple matériau de construction pour réparer le corps d'autres humains. Mais récemment, des scientifiques sont parvenus à « reprogrammer » des cellules adultes pour qu'elles reviennent à l'état de cellules « souches », ce qui résout le problème.*

Des nano robots dans le sang

Actuellement, les médicaments sont des molécules, souvent chimiques, qui se diffusent dans le corps humain tout entier. Dans certains cas, ils ont des effets non souhaités. Par exemple, un médicament chargé de lutter contre une infection risque d'abîmer les intestins ou le foie, un autre chargé de détruire un groupe de cellules malades dans la gorge détruira aussi des cellules saines dans le reste du corps. Pour éviter ces dégâts collatéraux, les médicaments du futur seront plus précis que ceux qu'on utilise actuellement : ils sauront repérer leur cible et la détruire sans endommager les cellules environnantes. Certains chercheurs réfléchissent même à des mini-robots, de taille nanométrique*, qui circuleraient dans notre sang en permanence. Ces médicaments seraient capables d'identifier des anomalies dans le corps et d'intervenir immédiatement en cas de problème à n'importe quel endroit de l'organisme. Un peu comme une équipe de médecins microscopiques !

**Un nanomètre est un milliardième de mètre. Un nanomédicament serait donc conçu à cette échelle minuscule, qui est celle des atomes et des molécules.*

Réparer les gènes malades

Au cœur de chacune de nos cellules se trouve une molécule, l'ADN, qui peut être comparée à un très long parchemin, enroulé sur lui-même, qui forme une sorte de code : le code génétique (les gènes). Ce code est en quelque sorte le mode d'emploi de notre corps : il dicte à nos cellules ce qu'elles doivent faire pour entretenir, protéger, réparer notre corps. Si ce code génétique comporte des anomalies, le corps fonctionne mal. C'est ce qui arrive, notamment, lorsqu'on est atteint d'une « maladie génétique ». Pour soigner ces maladies, les chercheurs tentent aujourd'hui de corriger le code génétique, au cœur des cellules, en remplaçant un gène malade par un gène sain par exemple. Certains essais ont déjà fonctionné. Mais c'est une opération très complexe. Il faudra sans doute de nombreuses années pour maîtriser cette technique. Cependant, on peut espérer que de nombreuses maladies graves, y compris certains cancers par exemple, puissent être soignées de cette manière dans l'avenir.

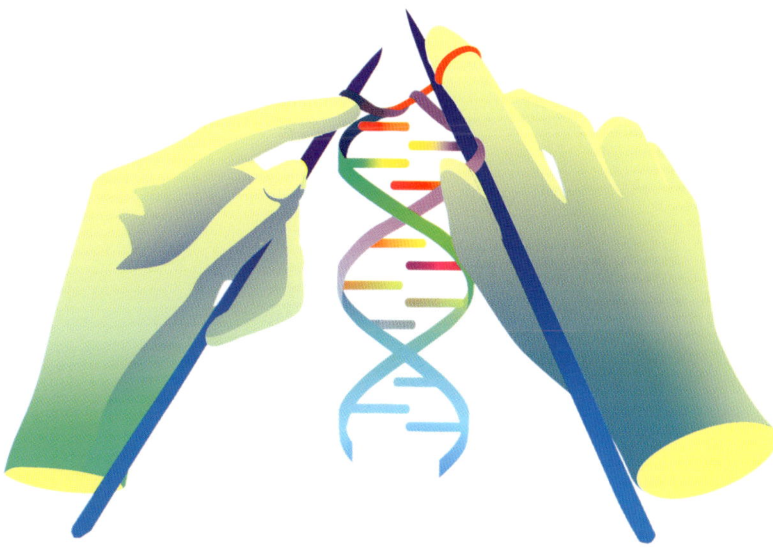

LES MALADIES DU FUTUR

En dépit des progrès de la médecine, les maladies ne vont pas disparaître d'un coup de baguette magique. L'avenir apportera de nouvelles solutions mais en même temps, d'autres maladies vont perdurer et de nouvelles vont apparaître. Tour d'horizon de quelques-unes des maladies les plus préoccupantes pour l'avenir.

L'obésité et les maladies cardiovasculaires

La principale cause de mortalité dans le monde, aujourd'hui, réside dans les maladies cardio-vasculaires, qui affectent le cœur, les artères, les veines (notamment celles qui traversent le cerveau). Elles sont responsables de près d'un décès sur trois dans le monde. En 2050, il sera possible de réparer plus facilement un cœur malade. Mais il sera sans doute impossible d'éviter tous les accidents cardio-vasculaires, qui se manifestent soudainement. Et de toute façon, en attendant, ces maladies vont continuer de faire des ravages. En effet, on s'attend notamment à des progrès importants de l'obésité dans le monde, d'ici à 2030, et les personnes obèses sont plus exposées aux risques cardio-vasculaires.

Prévenir, plutôt que guérir

Quoi qu'il arrive, même en 2050, la médecine ne pourra pas tout faire seule. La lutte contre les maladies passe avant tout par l'amélioration des conditions de vie des populations : l'hygiène, l'accès à l'eau potable, à une alimentation suffisante et équilibrée... Dans les pays riches comme dans les pays pauvres, les progrès de la santé dépendent aussi des comportements. Par exemple, une réduction de la consommation de tabac est indispensable pour sauver des vies. Le tabac tue en effet un fumeur sur deux. Le nombre de fumeurs a déjà commencé à décroître dans certains pays occidentaux mais il progresse largement dans d'autres pays, notamment en Asie. Certains optimistes prédisent néanmoins que la cigarette aura pratiquement disparu en 2050. À voir.

Les maladies de la vieillesse

C'est une certitude : dans l'avenir, l'espérance de vie va encore progresser. Mais, avec l'allongement de la durée de la vie, de plus en plus de personnes risquent d'être atteintes par les maladies qui touchent surtout les personnes âgées. En 2050, le nombre de personnes affectées par la maladie d'Alzheimer, une terrible maladie du cerveau, devrait avoir triplé. Le cancer, qui touche surtout les personnes âgées, sera également difficile à combattre. Malgré les immenses efforts de la recherche mondiale, cette maladie reste trop souvent incurable. Les cancers sont des maladies si complexes qu'il paraît improbable de parvenir à tous les guérir, même d'ici la fin du siècle. Dans les prochaines décennies, il sera sans doute possible de les détecter à un stade de plus en plus précoce, ce qui permettrait de détruire les cellules malades dès qu'elles apparaissent. Les cancers seraient ainsi sous contrôle, comme des maladies chroniques dont on peut éviter le développement, sans pour autant les guérir complètement.

Une médecine à deux vitesses ?

À l'heure actuelle, les inégalités dans le domaine de la santé sont très importantes. Or, tandis que dans les pays riches se profile la médecine de demain, les pays pauvres manquent encore trop souvent de médicaments vitaux, comme des antibiotiques ou des vaccins. Dans l'avenir, cet écart risque fort de se creuser encore. Si rien n'est fait, la médecine du futur sera réservée aux habitants des pays riches, tandis que les plus pauvres resteront privés d'accès à la médecine de base et continueront de mourir jeunes. À moins que l'humanité ne s'organise, dès aujourd'hui, pour mieux partager les fruits du progrès médical.

2100 : LA TERRE PEUPLÉE DE CLONES ET DE SURHUMAINS ?

Les progrès de la médecine sont porteurs d'espoirs mais aussi d'inquiétudes. Pourra-t-on bientôt cloner des êtres humains ? Va-t-on un jour créer des êtres humains « améliorés » grâce à des manipulations biologiques ? Ces questions effrayantes se posent dès aujourd'hui.

Moi et mes clones

Un clone, c'est la copie conforme d'un individu sur le plan génétique. En 1997 est né le premier mammifère cloné : une brebis baptisée Dolly. Cette révélation a soulevé bien des questions et des inquiétudes. Et depuis la naissance de Dolly, des milliers d'autres animaux ont été clonés. Le clonage humain est-il à portée de main ? Verra-t-on bientôt des troupeaux d'individus clonés, tous identiques ? Jusqu'à présent – du moins à l'heure où s'écrivent ces lignes ! – le clonage humain n'a jamais été réalisé. La plupart des pays du monde l'ont interdit. Mais cloner un être humain est sans doute techniquement possible. On peut donc s'attendre à ce que, dans un avenir assez proche, un savant fou, quelque part dans le monde, annonce avoir réussi à cloner un être humain.

Mais, d'une part, cette prouesse technologique est sans doute plus difficile qu'il y paraît. D'autre part, des clones humains existent déjà à l'état naturel : les vrais jumeaux ont exactement les mêmes gènes. Or, les gènes ne sont pas tout : deux jumeaux, ou deux clones, ne seront jamais exactement identiques. La vie, l'éducation, l'expérience de chacun est différente, ce qui explique que chacun est toujours unique. Même si un jour des individus naissent grâce à la technique du clonage, jamais un être humain ne pourra réaliser une copie conforme de lui-même ainsi. Et puis, il sera sans doute toujours plus facile et plus efficace de « se reproduire » en donnant naissance à des êtres humains de la manière la plus naturelle : grâce à la sexualité.

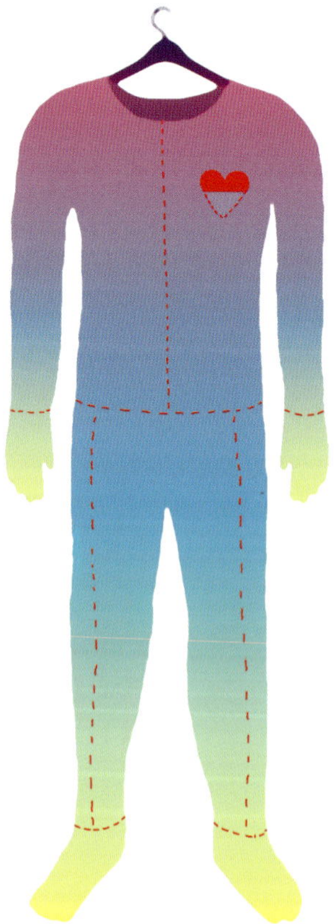

Vers le règne des surhumains ?

Les scientifiques connaissent depuis le début des années 2000 la liste complète du génome humain, c'est-à-dire l'ensemble des quelque 22 000 gènes de l'être humain, dont seule une infime fraction varie d'un individu à l'autre. On est loin de tout comprendre du fonctionnement de ces gènes, mais on sait déjà un peu les manipuler et les modifier. Mieux connaître nos gènes est très utile pour détecter, mieux soigner, et peut-être guérir un jour certaines maladies graves. Mais certains rêvent déjà d'aller plus loin : transformer génétiquement les individus pour les rendre plus performants. En modifiant certains gènes, il est peut-être possible d'obtenir une plus belle apparence, une mémoire ou une vision plus efficace, des muscles plus puissants...

Certains espèrent même que la technique génétique permettra un jour d'« améliorer » l'ensemble de l'espèce humaine. Ce rêve est un peu effrayant. En effet, s'il se concrétisait, il risquerait de donner naissance, dans un avenir lointain, à deux formes d'êtres humains : d'un côté des individus normaux, de l'autre des individus « améliorés », surhumains, sans doute destinés à dominer le monde... Et surtout, ce programme de création d'une forme d'humanité supérieure, qui n'est en fait pas si nouveau, rappelle de terrifiants souvenirs : les nazis, pendant la Seconde Guerre mondiale, se considéraient eux-mêmes comme les défenseurs d'une race supérieure et ils ont exterminé des millions de personnes, notamment juives, au nom de cette idée raciste.

Design Probes Program
© Philips

UN LOOK D'ENFER

SE FAIRE BEAU/ BELLE EN 2050

À chacun son style ! En 2050, chacun peut façonner son look « à la carte », en fabricant ses vêtements à la maison. Les habits sont devenus intelligents et communicants : ils nous protègent, nous soignent, et ils peuvent même refléter nos émotions.

23 novembre 2050. Aujourd'hui, Djinn (16 ans) a fait la grasse matinée. C'est samedi, et cet après-midi, il va rejoindre quelques amis pour une fête improvisée chez l'un d'entre eux. Après une courte douche, il décide de s'habiller chic et pratique, comme tous les jours. Djinn est un jeune homme élégant. Premier geste : pulvériser un T-shirt sur son torse, d'un coup de spray textile. Chaud et élastique, le T-shirt pulvérisable est aussi conçu pour désodoriser le corps naturellement, sans produits chimiques, grâce à des microcapsules, contenues dans le tissu, qui absorbent les mauvaises odeurs. De même, les sous-vêtements sont pulvérisés en quelques secondes. Ils sont une véritable seconde peau.

Djinn enfile ensuite sa nouvelle cape-robe, un vêtement décoratif personnalisé qu'il a imprimé il y a quelques jours grâce à son imprimante à vêtements. En 2050, les vêtements ne sont plus fabriqués à la chaîne à l'autre bout du monde comme au début du siècle. Chacun les dessine à la maison, sur mesure, grâce à un programme informatique, avant de les « imprimer » chez soi : une petite machine les tisse en quelques minutes. La cape-robe de Djinn a aussi une propriété étonnante : connectée au corps, elle change de couleur en fonction des émotions de celui qui la porte. C'est très amusant ! Djinn se regarde dans la glace : il est satisfait et détendu. La cape-robe diffuse alors une douce lumière bleu-vert, la couleur préférée de Djinn. Mais elle est aussi capable de jaunir s'il est un peu inquiet ou de tourner au gris s'il est contrarié.

En ce jour de novembre 2050, il fait froid : -5 °C. Djinn a l'intention de marcher un peu dehors. Pour affronter l'hiver, il enfile un long manteau très fin, au tissu doux comme la soie et aussi léger que le coton. Mais il ne faut pas se fier aux apparences : ce manteau est aussi chaud qu'une doudoune des années 2000. En 2050, il n'est pas besoin de ressembler à un Esquimau pour protéger son corps des basses températures. Il ne reste plus à Djinn qu'à avaler une petite dose de parfum, qui se diffusera lentement de chaque pore de sa peau tout au long de la soirée : il est prêt à rejoindre sa tribu d'amis.

Des vêtements... émotifs

Dans l'avenir, certains vêtements pourraient bien refléter notre état d'esprit, grâce à des capteurs connectés à la peau et réagissant aux expressions corporelles de nos émotions (par exemple, la température du corps, la transpiration...). Cette idée a déjà été explorée par l'entreprise Philips : une chercheuse australienne, Lucy McRae*, a ainsi dessiné une robe impressionnante qui change de luminosité et de couleur en fonction de nos émotions.

Design Probes Program © Philips

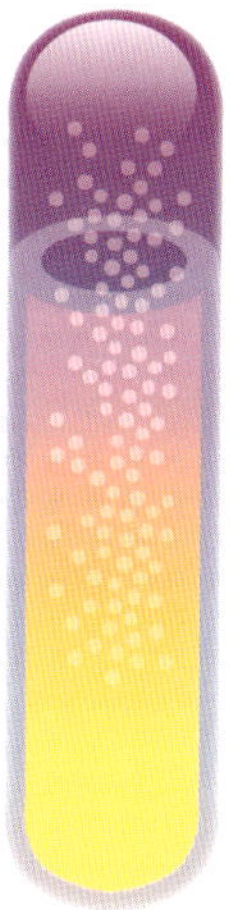

Une pilule de parfum

Le parfum du futur se présentera peut-être sous forme de pilule, qu'il suffirait d'avaler pour donner à la peau l'odeur de notre choix. Cette gélule, également imaginée par la designer Lucy McRae, transformerait l'odeur de notre transpiration en un parfum délicat.

**Lucy McRae, designer australienne, travaillant dans le cadre du département de design prospectif (Design Futures) pour Philips Design, aux Pays-Bas, a dessiné la robe Bubelle (projet SKIN-dresses) en 2006. Elle est aussi l'inventeur de la pilule de parfum (Swallowable Parfum).*
Son site : http://www.lucymcrae.net

T-shirt pulvérisable

Inventée en Angleterre par un designer de mode et un professeur de chimie*, la technique des vêtements pulvérisables est déjà une réalité. Il suffit de diffuser un produit sur le corps, à l'aide d'un simple spray, sans danger pour la peau, pour obtenir en une quinzaine de minutes un véritable T-shirt en tissu. Le vêtement peut ensuite être utilisé normalement et même lavé à la machine. Cette invention étonnante a sans doute de l'avenir.

**Conçu par Manel Torres et Paul Luckham à l'Imperial College de Londres (Department of Chemical Engineering), le T-shirt pulvérisable est commercialisé sous la marque Fabrican.*
http://www.fabricanltd.com

QUEL AVENIR POUR LA MODE ?

LES VÊTEMENTS DU FUTUR

La mode est imprévisible : qui sait quelles seront les couleurs ou les formes « à la mode » dans le futur ? Par contre, on peut s'attendre à ce que la mode de demain respecte mieux l'environnement, pour vêtir 9 milliards de Terriens tous différents mais partageant une même petite planète aux ressources limitées.

De nos jours, au début des années 2010, les vêtements parcourent souvent la moitié de la planète avant d'atterrir dans notre garde-robe. Il suffit de jeter un œil aux étiquettes de nos habits : T-shirt fabriqué au Bangladesh, pull-over en Tunisie, chaussures en Chine...

Au contraire, dans l'avenir, nos vêtements seront peut-être à nouveau fabriqués près de chez nous, dans de petits ateliers, ou même... à la maison. L'idée de fabriquer soi-même ses vêtements, grâce à une machine informatique, permettrait de dépenser moins d'énergie en transport, dans un monde où la protection de l'environnement sera devenue indispensable.

Chacun pourrait alors se vêtir de ses propres créations. Mais les phénomènes de mode ne vont pas disparaître pour autant. Car les vêtements ne servent pas seulement à nous couvrir ou à décorer notre corps. Ils permettent aussi d'exprimer notre personnalité, nos goûts, de manifester à qui on aimerait ressembler... Chacun continuera de s'habiller « à la mode » en s'inspirant de ses amis, de ses collègues, des médias ou des stars de demain. Simplement, les marques seront peut-être des programmes informatiques, servant à dessiner des habits chez soi.

Autre progrès attendu : les vêtements ne se tacheront plus ou se laveront sans effort. Le lave-linge, gourmand en eau, aura sûrement disparu. Et quand un vêtement sera usé, il ne sera plus question de le jeter. Il sera entièrement recyclé, pour servir à en fabriquer d'autres. Les matières des habits seront donc naturelles, biodégradables, réutilisables. Les matières synthétiques, fabriquées aujourd'hui à l'aide de pétrole, comme le nylon ou le polyester, auront disparu. Trop polluant.

Les vêtements auront également de nouvelles fonctions. Ils devront toujours nous protéger du chaud et du froid, mais demain, ils seront capables de repousser les microbes, les moustiques, les rayons du soleil... Ils prendront soin de notre corps, en diffusant des produits de beauté pour hydrater la peau, lutter contre la transpiration, et peut-être soigner certaines maladies. Les scientifiques imaginent dès aujourd'hui des vêtements capables de diffuser des médicaments, mais aussi de surveiller le corps, par exemple les battements du cœur lorsqu'on pratique un sport. Enfin, les vêtements feront partie de nos moyens de communication, par exemple pour partager avec les autres des émotions, notre humeur du moment et même notre sens de l'humour. Demain, ce seront peut-être nos T-shirts qui rougiront en cas de maladresse !

Design Probes Program
© Philips

9 MILLIARDS DE VISAGES : L'APPARENCE HUMAINE AU XXIE SIÈCLE

Demain, le visage de l'humanité sera métissé, plus encore qu'aujourd'hui. Les critères de beauté occidentaux vont-ils évoluer ? Avec l'aide de la génétique, les parents voudront-ils choisir la couleur des yeux de leurs enfants ?

Portrait-robot de l'homme du futur

En 2050, la Terre sera peuplée de 3 milliards d'individus supplémentaires. Or, cette population nouvelle grandira surtout en Asie, en Afrique ou en Amérique latine. En proportion, les individus de type occidental à la peau blanche, aux yeux ou aux cheveux clairs seront moins nombreux. Et l'humanité ne cesse de se mélanger, grâce à la facilité avec laquelle on voyage et à l'intensité des échanges entre les pays. Pour dresser le portrait-robot de l'homme ou de la femme du futur, il faut donc imaginer un individu métissé, à la peau mate, aux yeux et aux cheveux plutôt bruns. Au contraire, les yeux bleus, par exemple, seront plus rares qu'aujourd'hui.

L'homme ou la femme typiques du futur seront aussi en moyenne plus gros et peut-être un peu plus grands. En effet, en 2030, plus de la moitié de la population mondiale sera obèse ou en surpoids (même s'il est possible que ce phénomène recule ensuite)*. D'autre part, la taille moyenne des individus occidentaux a augmenté de plusieurs centimètres au siècle dernier, sans doute grâce à l'amélioration de l'alimentation. Dans l'avenir, il est possible que cette tendance se poursuive dans le monde entier.

Les générations futures auront aussi quelques dents de moins ! En effet, les molaires les plus profondes, les dents de sagesse, ont tendance à disparaître peu à peu. Mais, hormis ces quelques détails, l'apparence du corps humain ne va pas vraiment changer en quelques décennies, ni même en quelques siècles. L'espèce humaine est en effet stabilisée depuis des millénaires. Les hommes et les femmes de 2050 ne seront pas vraiment différents de nous, pas plus que des humains de l'Antiquité.

*Selon l'Organisation mondiale de la santé (OMS).

La beauté, demain

Qu'est-ce qu'un beau visage ? Qu'est-ce qu'un beau corps ? Chaque époque, chaque société a sa réponse. Bien sûr, la beauté dépend d'abord du regard de chacun. Mais il existe aussi une idée partagée de la beauté, qui change selon les modes. Par exemple, pendant des siècles, la pâleur du visage était très recherchée. Les femmes françaises n'hésitaient pas à se maquiller pour qu'il paraisse le plus blanc possible. Au contraire, au XXe siècle, la mode du bronzage est apparue. À quoi ressembleront les mannequins de demain ? Difficile à imaginer. Mais on peut espérer, en particulier, que la valorisation de la minceur, voire de la maigreur, dans la mode actuelle cède le pas dans l'avenir. En effet, dans un monde où de plus en plus de personnes sont en surpoids, la contradiction entre les modèles de la publicité et la réalité génère beaucoup de souffrance.

Il est possible que les caractéristiques physiques en vogue dans le futur restent, comme aujourd'hui, celles qui sont les plus rares. La blondeur, par exemple, sera statistiquement moins courante : pour cette raison, elle sera peut-être encore plus valorisée. Dans ces conditions, la tentation de maquiller ou de transformer son corps risque de perdurer. Mais au lieu de se teindre les cheveux en blond, comme tant de femmes aujourd'hui, il sera peut-être tentant de se procurer les gènes de la blondeur. La chirurgie esthétique aura-t-elle pour héritière une nouvelle forme de transformation du corps fondée sur des manipulations génétiques ? Si ces manipulations deviennent faciles et peu coûteuses, les parents seront-ils tentés de sélectionner eux-mêmes certains traits physiques de leurs enfants ? Cette idée un peu monstrueuse pourrait conduire à un monde dans lequel la « dictature de l'apparence » serait encore plus forte qu'aujourd'hui.

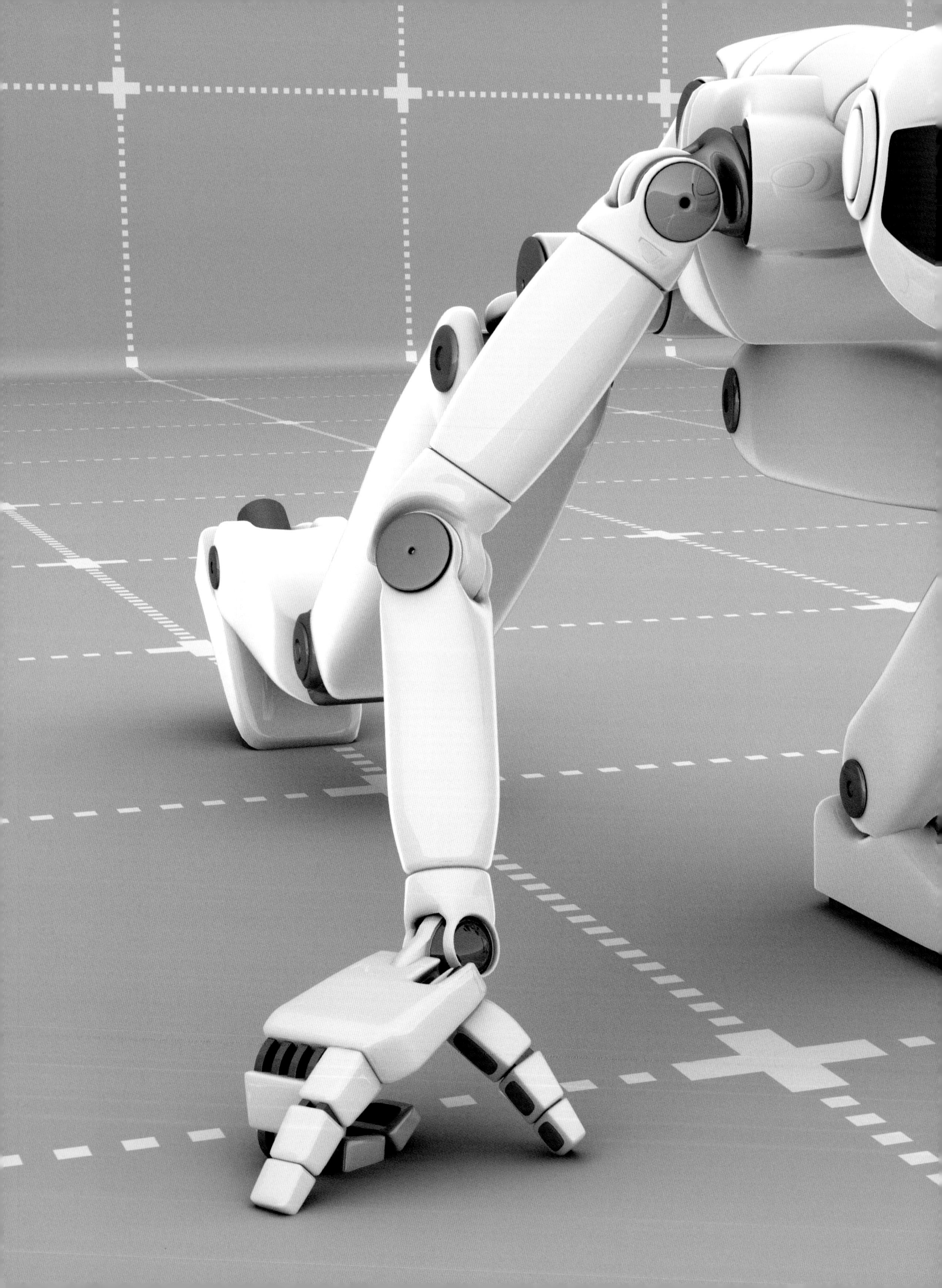

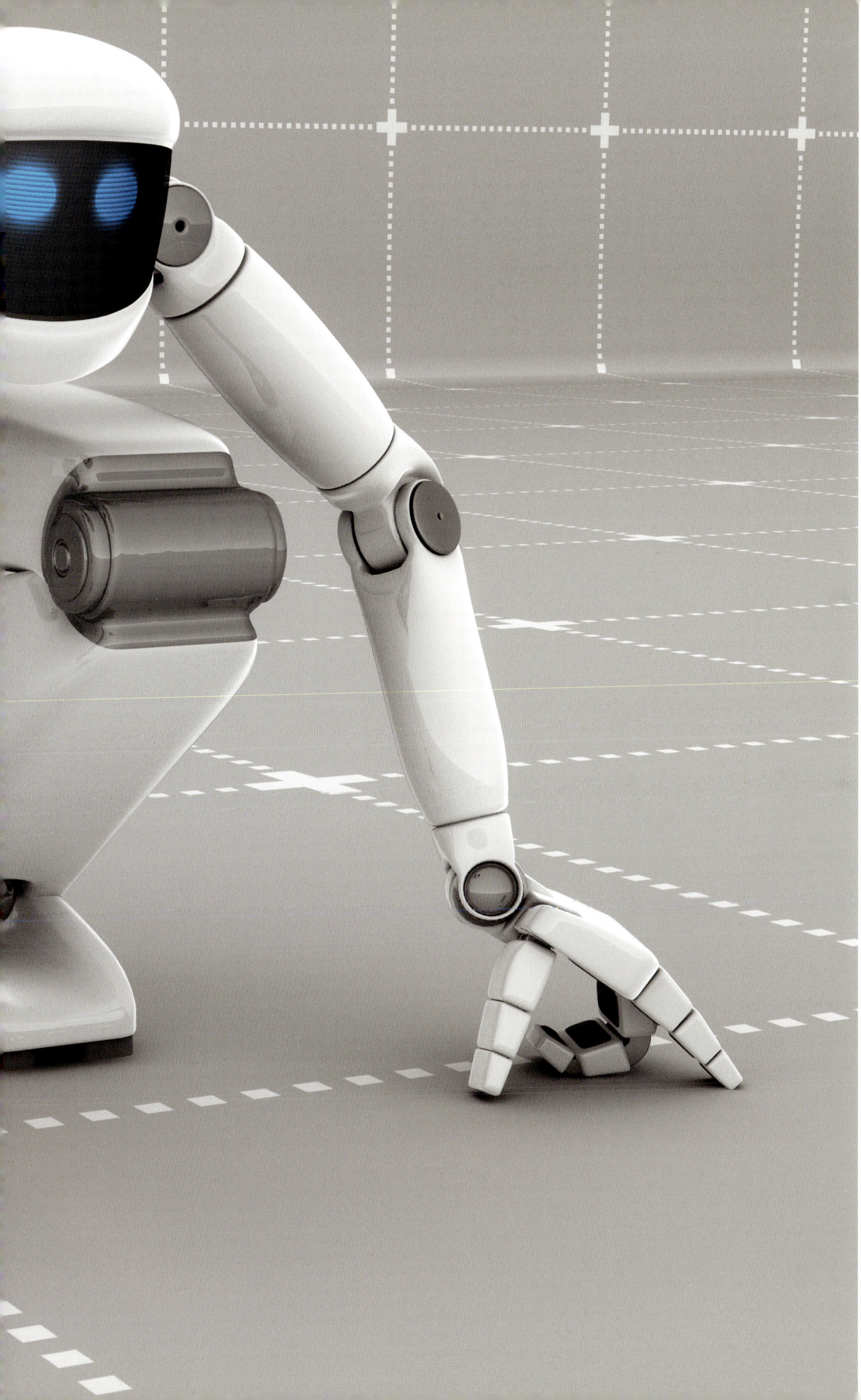

LE SPORT DU FUTUR

AUX JEUX OLYMPIQUES DE 2052

Le sport a un bel avenir devant lui. Mais les records seront bientôt impossibles à dépasser, à moins d'accepter le dopage. Et si le sport de haut niveau renonçait à la compétition effrénée pour revenir à plus de simplicité ? Bienvenue aux Jeux olympiques « bio » du futur.

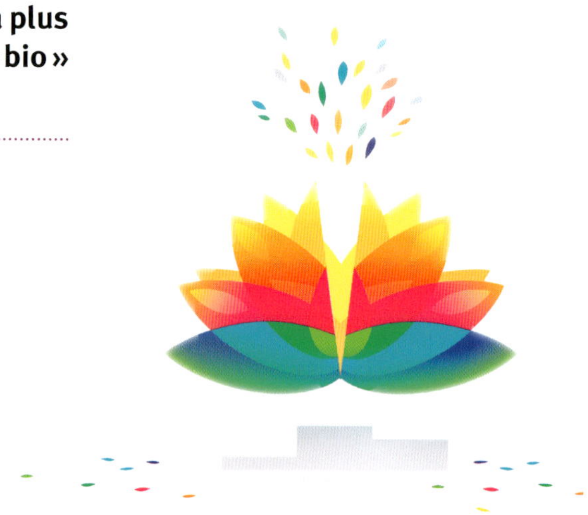

En ce 27 juillet 2052, le monde a les yeux rivés vers l'Afrique, plus précisément vers Ouagadougou, la capitale du Burkina Faso. C'est dans cette grande métropole africaine que s'ouvrent les Jeux olympiques « authentiques » de 2052, ainsi qualifiés parce qu'ils sont l'un des derniers évènements sportifs mondiaux qui présentent des athlètes « naturels », des hommes et des femmes normaux qui pratiquent le sport sans avoir recours à des moyens artificiels pour doper leurs performances. En effet, la plupart des évènements sportifs ressemblent désormais à d'immenses jeux vidéo grandeur nature, qui mettent en scène des athlètes drogués, surhumains ou des robots. Les Jeux olympiques, après avoir manqué de disparaître à cause de l'abus du dopage dans de nombreuses disciplines, ont décidé de revenir aux sources : la célébration du sport humain, sain et amateur. Cette année, l'évènement se tient au Burkina Faso, mais il attire des millions de spectateurs dans toutes les grandes villes du monde. En effet, les grandes épreuves sont retransmises dans les stades du monde entier sous forme holographique. Les footballeurs, par exemple, y apparaissent sous la forme d'images en trois dimensions plus vraies que nature. Les spectateurs peuvent également suivre l'évènement chez eux, sur un écran en trois dimensions au réalisme saisissant. Il est même possible d'observer les épreuves de course à pied à travers les yeux de chacun des athlètes, grâce à des caméras incrustées dans leurs yeux.

Et les jeux d'hiver ?

En 2050, les Jeux olympiques d'hiver ont fini par être supprimés. En pleine période de réchauffement climatique, cet évènement n'avait plus de raison d'être. La neige est devenue trop rare en montagne, sauf sur les plus hauts sommets des Alpes, des Andes ou de l'Himalaya, au-delà de 3 000 mètres d'altitude. L'utilisation de neige artificielle était trop gourmande en énergie. Et, de toute façon, l'engouement du public pour les jeux d'hiver déclinait depuis longtemps, car rares sont les personnes qui connaissent les sports d'hiver. Le ski existe toujours, mais il est très cher : seule une minorité de riches amateurs continuent de le pratiquer, dans des stations de luxe situées sur les plus hauts sommets du monde.

La discipline reine des « Jeux olympiques authentiques », c'est le cricket, un sport proche du baseball très populaire en Inde depuis longtemps. Le wushu, une sorte d'art martial chinois, passionne également les foules. La capoeira, un sport de combat brésilien, acrobatique et gracieux, est devenue une discipline olympique. En outre, depuis une trentaine d'années, les jeux olympiques présentent aussi des disciplines de « bien-être », comme le yoga. Des millions de spectateurs se passionnent pour les longues méditations de ces experts de la relaxation, qui cherchent le meilleur moyen d'atteindre la paix intérieure. Bien sûr, dans ces disciplines, il n'est pas question de compétition ni de médailles. Mais, en 2052, le sport est d'abord considéré comme une activité physique harmonieuse, au service de la santé. La compétition n'a plus grande importance.

DES SPORTS FUTURISTES À COUPER LE SOUFFLE

Jouer au tennis à distance, flotter sur un skate en lévitation ou sauter en chute libre depuis les limites de l'espace... Voici quelques pistes pour imaginer à quoi ressembleront les sports de demain.

Quels sports pour le futur ?

Les sports les plus populaires pratiqués aujourd'hui, comme le football, n'ont pas de raison de disparaître de sitôt. Mais d'autres, moins connus en Occident, vont sans doute se développer, notamment des sports asiatiques. Car, en 2050, le pays le plus peuplé et l'un des plus puissants du monde sera l'Inde. Les sports populaires dans ce pays devraient donc étendre leur influence. Exemple : le kabbadi, un sport d'équipe indien traditionnel, apprécié dans de nombreux pays d'Asie, pourrait s'étendre sur les autres continents. D'autres disciplines nouvelles apparaîtront dans l'avenir. En effet, de nouveaux sports étonnants sont inventés chaque année, à l'image du bossaball, une sorte de volleyball acrobatique qui se joue sur un terrain gonflable et des trampolines, en écoutant de la musique à fond. Et pourquoi ne pas tester bientôt le skateboard volant ? Un prototype de planche sans roulette, qui se déplace en lévitation, a été déjà réalisé en France sous le nom de « Mag Surf* ».

**Le Mag Surf est un prototype de skate supraconducteur mis au point par le département de physique de l'université Paris-Diderot en 2011.*

L'espace, un futur terrain de jeu ?

En 1971, Alan Shepard, un astronaute américain, a été le cinquième homme de l'histoire à poser le pied sur la Lune. Sitôt arrivé, il a surpris le monde entier en sortant un club de golf, des balles. Grâce à la faiblesse de la gravité lunaire (6 fois moins forte que sur la Terre), il a pu tirer facilement l'une de ces balles à plusieurs centaines de mètres. Un coup de maître ! Aujourd'hui, certains optimistes imaginent que l'espace fournira un nouveau terrain de jeu pour les sportifs du futur. L'idée de jouer au basketball sur la Lune ou de pratiquer la gymnastique artistique en apesanteur, pour faire des bonds et des figures de 10 mètres de haut, est très alléchante. Malheureusement, elle n'a quasiment aucune chance de se réaliser. En effet, les voyages dans l'espace resteront très limités, même en 2050. En revanche, certains sports extrêmes pourraient se populariser, comme la chute libre depuis les limites de l'espace. Le parachutiste autrichien Felix Baumgartner a prouvé en 2012 qu'il est possible de sauter de près de 40 kilomètres de haut, sans dommage pour la santé. Cette chute impressionnante a duré près de 10 minutes, à une vitesse dépassant parfois les 1 000 kilomètres/heure.

La planète sportive connectée

Certains sports de plein air peuvent déjà être pratiqués à la maison en utilisant des jeux vidéo. Demain, ces jeux seront plus réalistes et plus interactifs. De meilleures technologies de reconnaissance des mouvements et des images permettront sûrement bientôt de jouer au tennis, à domicile, contre un partenaire japonais ou bolivien. Comme dans les jeux vidéo multi-joueurs, il sera peut-être même possible de pratiquer un sport d'équipe sans bouger de chez soi, contre des joueurs virtuels reproduits sous forme d'hologrammes (des images complètes, en trois dimensions). Les sportifs professionnels pourraient eux aussi disputer certaines compétitions à distance, pour éviter de longs voyages inutiles. Chaque équipe de football, par exemple, jouerait à domicile, devant ses propres supporters. L'équipe adverse jouerait elle-même sur son terrain, mais elle serait représentée sous forme d'hologrammes dans le stade de ses adversaires.

2100 : DES ATHLÈTES « AUGMENTÉS » ?

Pour repousser les limites du sport, les athlètes du futur seront-ils prêts à transformer leur corps ? Auront-ils des bras et des jambes artificiels ? Le dopage sera-t-il admis et encouragé ? Le scénario n'est pas si improbable qu'il y paraît.

La fin des records ?

Vers le milieu du siècle, 90 % des records sportifs deviendront quasiment impossibles à dépasser. Un recordman de course à pied ne pourra guère espérer gagner qu'un millième de seconde sur ses prédécesseurs. Pas très excitant ! En effet, l'humanité approche déjà aujourd'hui de ses limites physiques dans certaines disciplines comme le « 100 mètres » en athlétisme. Alors, que faire ? Première possibilité : les records et la compétition effrénée cessent de représenter l'objectif primordial des athlètes. La devise des Jeux olympiques « plus vite, plus haut, plus fort » pourrait par exemple être remplacée par « plus gracieux, plus joyeux, mieux portant ». Second scénario : le sport de haut niveau pourrait bien devenir la spécialité d'athlètes surhumains, dont les performances seraient améliorées grâce à la technologie ou grâce au dopage.

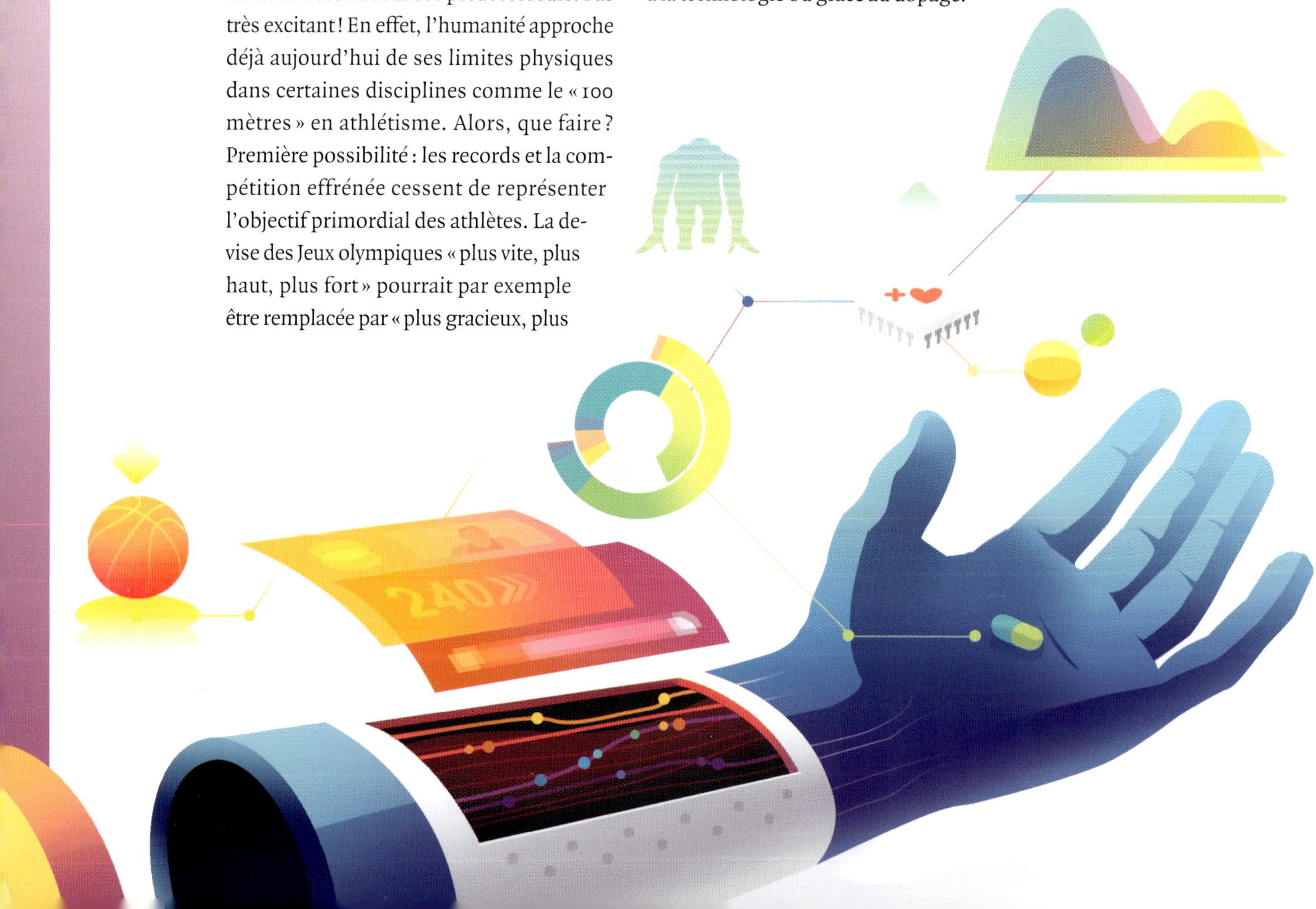

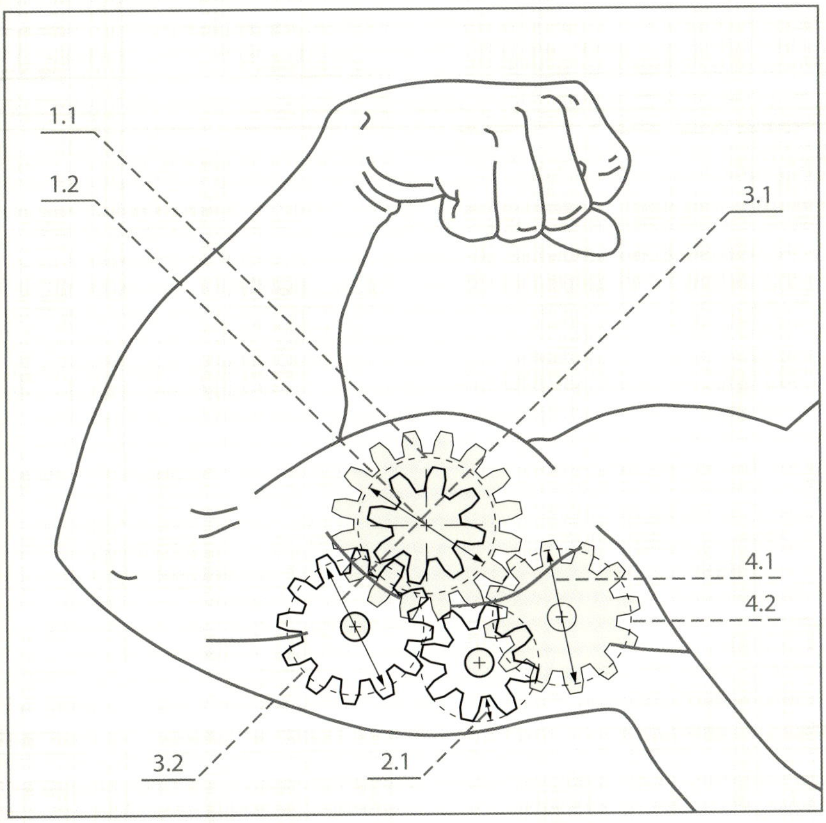

Des athlètes surhumains ?

Le dopage, aujourd'hui formellement interdit, sera peut-être autorisé et admis dans le sport de haut niveau. Pour dépasser les limites des capacités humaines, les athlètes seraient « augmentés » grâce à la technologie. Certaines hormones, aujourd'hui illicites, sont connues pour leurs effets dopants : par exemple l'EPO, un produit qui permet de stimuler la distribution d'oxygène dans les muscles pour les rendre plus endurants. Un cycliste qui prend de l'EPO peut pratiquer un effort intense et durable sans se fatiguer. Mais ces hormones sont aussi très dangereuses. Demain, le dopage sera peut-être génétique. En effet, modifier certains gènes pourrait permettre d'améliorer les performances des muscles, la rapidité des réflexes ou la précision de la vision. Plus improbable : certains athlètes pourraient même s'équiper de bras ou de jambes artificiels, plus rapides et plus puissants, pour courir à 100 kilomètres/heure ou lancer une balle à 300 kilomètres/heure. Mais si l'humanité en venait à admettre le dopage dans le sport, les athlètes professionnels deviendraient alors des humains hors normes, entièrement programmés pour pulvériser des records. L'idée fait un peu froid dans le dos.

Le retour des jeux du cirque ?

Dans l'Antiquité, les Romains étaient friands de spectacles sportifs, de courses de chars mais aussi de chasses d'animaux sauvages et de combats de gladiateurs parfois mortels. De même, les Terriens de 2050 auront peut-être leurs jeux du cirque. Mais, à la place des gladiateurs et des animaux du passé, les jeux du futur opposeront peut-être des combattants surhumains et des robots, qui compareront leurs performances pour le plaisir d'un public amateur de sensations fortes. En effet, si le sport-spectacle met un jour en scène des athlètes dopés, il ressemblera de plus en plus à certains jeux vidéo futuristes ou violents. Les matchs de football représentent aujourd'hui un gigantesque spectacle suivi dans le monde entier par des millions d'amateurs. Ils auront peut-être pour héritiers des spectacles plus extrêmes, semblables aux jeux du cirque de l'époque romaine.

VIVRE ENSEMBLE

DEMAIN, TOUS CENTENAIRES ?

UN MONDE DE PLUS EN PLUS ÂGÉ

En 2050, la population mondiale sera plus âgée en moyenne qu'aujourd'hui. Dans les anciens pays développés comme le nôtre, près d'un tiers de la population aura plus de 60 ans. Le XXIe siècle sera le siècle des vieux !

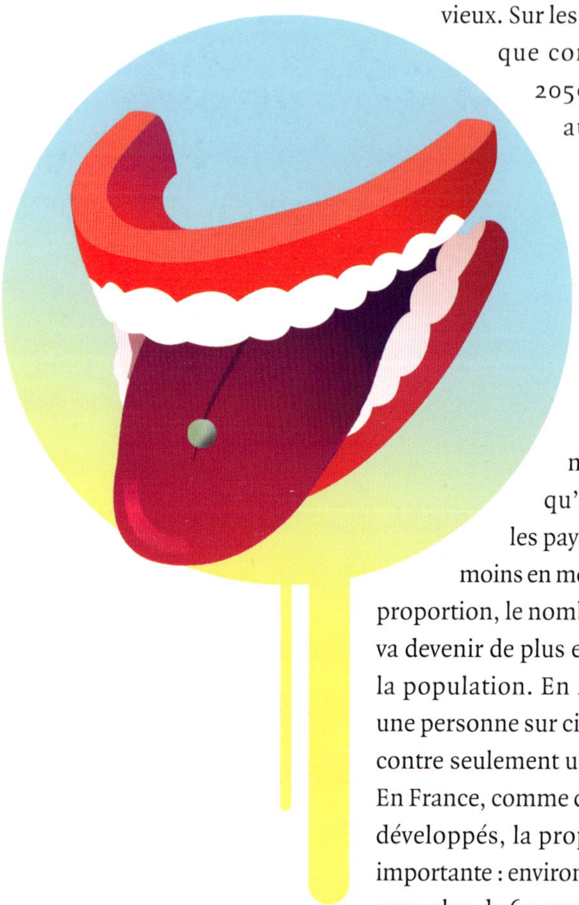

Dans les 50 prochaines années, la population mondiale va prendre un coup de vieux. Sur les 9 milliards d'habitants que comptera la planète en 2050, près de 2 milliards auront plus de 60 ans (contre 600 millions aujourd'hui, soit environ trois fois plus). En effet, l'espérance de vie ne cesse de s'allonger, dans tous les pays du monde. En 2050, on vivra en moyenne 10 ans de plus qu'aujourd'hui. Or, dans les pays développés, on fait de moins en moins d'enfants. Donc, en proportion, le nombre de personnes âgées va devenir de plus en plus important dans la population. En 2050, dans le monde, une personne sur cinq aura plus de 60 ans, contre seulement une sur dix aujourd'hui. En France, comme dans la plupart des pays développés, la proportion sera bien plus importante : environ une personne sur trois aura plus de 60 ans (contre seulement une sur cinq aujourd'hui).

Car ce sont d'abord et surtout les pays riches, comme l'Europe, la Russie, et dans une moindre mesure les États-Unis ou l'Australie, dont la population va vieillir à vue d'œil. Au Japon, en 2050, près d'une personne sur deux aura plus de 50 ans. Et, dans ce pays, l'espérance de vie pourrait atteindre 95 ans en 2050 ! En Chine, la moyenne d'âge de la population devrait aussi augmenter rapidement, car les Chinois ne font pas assez d'enfants. Dans les pays plus pauvres, en Asie, en Afrique ou en Amérique latine, la natalité est plus dynamique : les gens font plus d'enfants. Mais, grosso modo, à mesure qu'un pays s'enrichit, les familles deviennent moins nombreuses, notamment parce que les femmes contrôlent plus le nombre de leurs enfants. On s'attend donc à ce que tous les pays qui se développent donnent naissance à moins d'enfants, et par conséquent à ce que la moyenne d'âge de leur population augmente plus ou moins.

Le monde de demain appartient donc aux personnes âgées ! D'abord parce qu'elles seront plus nombreuses, mais aussi parce qu'elles vivront plus souvent en bonne santé jusqu'à un âge très avancé. En 2050, atteindre l'âge de 100 ans sera devenu quasiment banal. En France, un enfant sur deux qui naît aujourd'hui vivra centenaire.

L'espérance de vie dans le monde aujourd'hui

(Chiffres : ONU 2011)

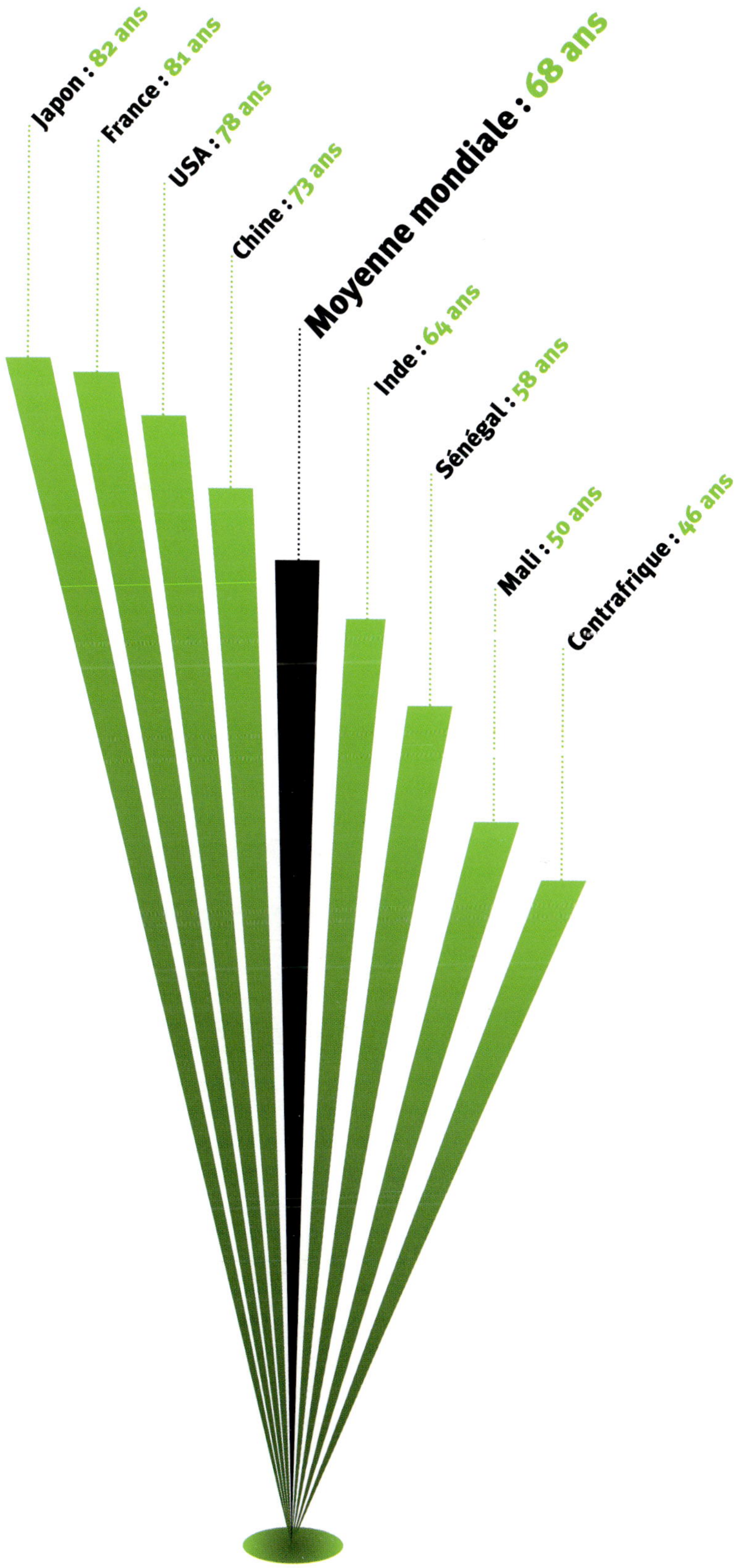

Les personnes âgées, et très âgées, auront aussi le pouvoir ! Elles seront des consommateurs très courtisés : le marché des « seniors » deviendra encore plus important qu'aujourd'hui. Toutes les marques voudront cibler non pas les jeunes, les adultes ou les femmes, mais bien les vieux. Il sera hors de question de s'arrêter de travailler à seulement 60 ou 62 ans. Le départ à la retraite sera peut-être repoussé de 10 ans par rapport à aujourd'hui.

La société sera aussi mieux organisée pour faciliter la vie des personnes âgées. Les meubles, les transports, les écrans, les panneaux d'affichage... Tout sera adapté pour être utilisé de manière pratique par des personnes de plus de 60 ans. Les pancartes seront peut-être écrites en plus gros caractères, les rues adaptées pour la sécurité de personnes dont les réflexes sont moins rapides. Même les jeux vidéo seront sans doute conçus pour être facilement utilisés par des personnes âgées, devenues leurs principaux utilisateurs.

JEUNES DE 7 À 77 ANS

La moyenne d'âge de la population mondiale va augmenter. Et pourtant, le monde de demain ne sera peut-être peuplé que de grands ados ! C'est un étonnant paradoxe. Nous vivons de plus en plus vieux, mais nous désirons aussi rester jeunes le plus longtemps possible.

De fait, rester jeune jusqu'à un âge avancé, c'est déjà possible aujourd'hui. À l'heure actuelle, une personne de 60 ans est considérée comme encore relativement jeune. En 2050, grâce aux progrès de la médecine, et à condition d'adopter de bonnes habitudes alimentaires, on pourra se maintenir en bonne santé bien plus longtemps. À 70 ans, les personnes âgées de 2050 seront souvent en pleine forme, capables de jouer au tennis comme lorsqu'elles avaient 20 ans ! Celles qui sont encore plus âgées auront peut-être un corps modifié, par exemple avec des organes remplacés, ou des outils électroniques perfectionnés pour améliorer la vue, l'ouïe, les réflexes ou la mémoire.

Par ailleurs, aujourd'hui, les enfants entrent dans l'adolescence plus tôt qu'auparavant. Des jeunes de 10 ans ont déjà souvent le comportement que leurs parents avaient à l'âge de 14 ou 15 ans : ils réclament de l'autonomie, rêvent de premières sorties entre jeunes et s'habillent déjà comme des ados. D'autre part, les jeunes adultes, qui ont autour de 25 ans, gardent plus longtemps leurs habitudes et leur mode de vie d'adolescents qu'autrefois. En effet, les études se sont allongées, les jeunes quittent le domicile de leurs parents plus tard, le premier emploi stable tarde souvent à être décroché...
Pour toutes ces raisons, l'adolescence, l'âge des découvertes, des expériences, des premières amours et des premières révoltes, dure plus longtemps. Au siècle dernier, l'adolescence couvrait quelques années de transition entre l'enfance et l'âge adulte, de l'âge de 15 à 20 ans environ. Aujourd'hui, elle couvre quelquefois une très longue période de la vie d'un individu, de ses 10 à ses 30 ans. Demain, on sera peut-être « jeune de 7 à 77 ans », comme disait avec humour Hergé, le créateur de Tintin, en parlant de l'âge de ses lecteurs.

La durée de la vie s'allonge inexorablement…

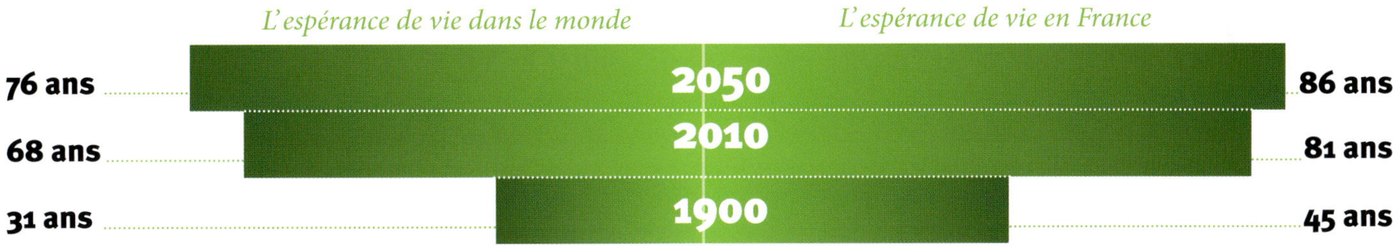

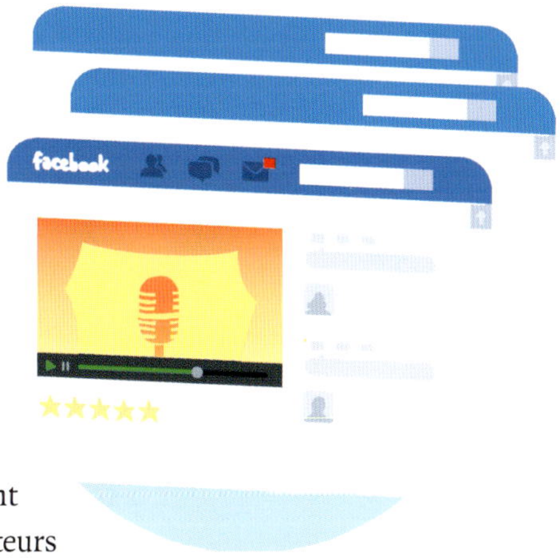

Mais pourquoi tout le monde désire-t-il tant demeurer jeune le plus longtemps possible ? Et même rester adolescent jusqu'à l'âge de 30 ou 40 ans ? Dans le passé, c'est la maturité qui était valorisée. Dans certaines sociétés, les « anciens » sont très respectés et très écoutés, parce qu'ils possèdent l'expérience et la sagesse. Mais dans notre civilisation, c'est la jeunesse qui est considérée comme un trésor, qu'il faut garder le plus longtemps possible. Elle est désirable parce qu'elle est considérée comme un moment de la vie très créatif, celui de l'apprentissage et de la découverte.

Dans les sociétés traditionnelles, les connaissances appartenaient aux « anciens ». Aujourd'hui, elles sont disponibles en permanence sur Internet ! Par contre, la créativité, l'imagination appartiennent à la jeunesse. Les artistes, notamment, sont souvent plus valorisés quand ils sont jeunes. Il suffit de songer à tous ces musiciens de rock qui deviennent des stars avant l'âge de 20 ans, ou encore aux créateurs de certains sites Internet devenus milliardaires alors qu'ils ont encore des boutons d'acné sur le visage !

Chacun rêve aujourd'hui de posséder le talent et la vivacité de l'esprit qu'on attribue aux ados, capables de porter un regard neuf sur le monde et sur la vie. Le monde de demain appartient donc aux adolescents, créatifs et dynamiques. Mais, simplement, ces ados auront parfois… 77 ans !

2100 : L'IMMORTALITÉ À PORTÉE DE MAIN ?

Chacun sait et admet comme une évidence que sa vie sur terre prendra fin un jour. Mais est-ce une fatalité ? Sommes-nous vraiment condamnés à mourir ? Après tout, la mort n'est peut-être qu'une maladie, qu'on pourrait soigner. Cette idée, un peu provocatrice, inspire certains scientifiques qui cherchent sans relâche un antidote à la mort.

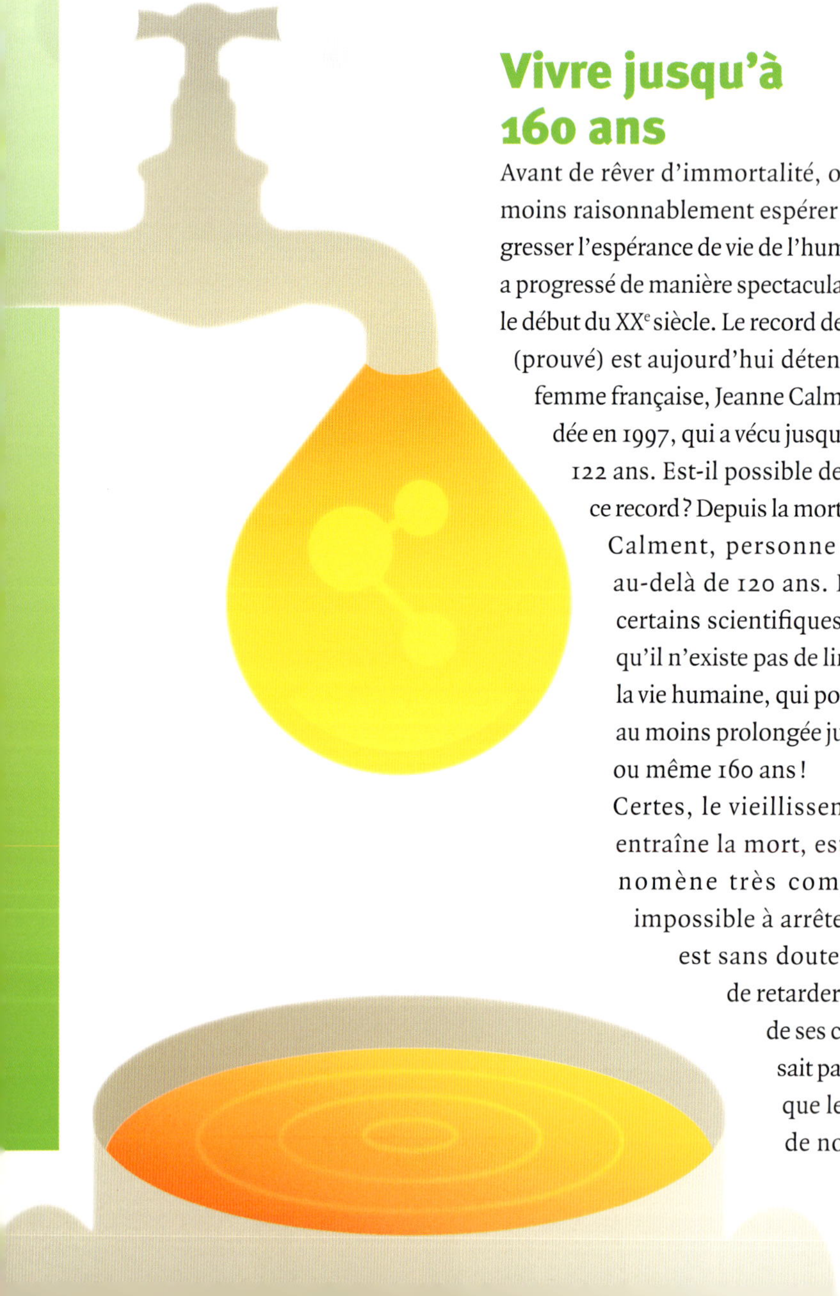

Vivre jusqu'à 160 ans

Avant de rêver d'immortalité, on peut au moins raisonnablement espérer faire progresser l'espérance de vie de l'humanité, qui a progressé de manière spectaculaire depuis le début du XXe siècle. Le record de longévité (prouvé) est aujourd'hui détenu par une femme française, Jeanne Calment, décédée en 1997, qui a vécu jusqu'à l'âge de 122 ans. Est-il possible de dépasser ce record ? Depuis la mort de Jeanne Calment, personne n'a vécu au-delà de 120 ans. Pourtant, certains scientifiques estiment qu'il n'existe pas de limite fixe à la vie humaine, qui pourrait être au moins prolongée jusqu'à 130 ou même 160 ans !

Certes, le vieillissement, qui entraîne la mort, est un phénomène très complexe et impossible à arrêter. Mais il est sans doute possible de retarder certaines de ses causes. On sait par exemple que les cellules de notre organisme sont semblables à de minuscules usines, qui fabriquent en permanence des molécules indispensables au fonctionnement du corps humain. Mais, comme dans toutes les usines, la fabrication de ces molécules (les protéines) s'accompagne de la production de déchets. Ces déchets s'accumulent dans le corps et agissent comme de la rouille qui abîme l'organisme. Or, on peut sans doute aider le corps à se débarrasser de cette rouille, en consommant des molécules qui jouent un rôle de nettoyant. Le vieillissement est aussi sans doute programmé par nos gènes. Une autre méthode pour le ralentir consiste donc à rechercher le moyen de modifier ce programme pour ralentir le vieillissement. Et si ces méthodes échouent, au moins pourra-t-on sans doute bientôt remplacer nos organes défectueux, en en faisant « repousser » de nouveaux*. Toutes ces pistes sont prometteuses. Mais il faut reconnaître que, pour l'heure, personne n'a trouvé de solution miracle pour ralentir le vieillissement de manière significative.

* *Voir le chapitre 9, « Ma santé en 2050 ».*

Copier son cerveau pour le conserver

Et l'immortalité ? Visionnaires ou naïfs, certains futurologues sont assez fous pour y croire ! Ils prophétisent qu'on pourra un jour vivre jusqu'à 1 000 ans ou plus, voire choisir la date de sa mort. Mais pour survivre au-delà d'une centaine d'années, il faudrait se débarrasser du corps humain, trop fragile. Seul l'esprit survivrait. L'un des moyens envisagés serait de parvenir à « télécharger » entièrement le contenu du cerveau, une fois le corps trop abîmé, sur une sorte de superordinateur. Cet « esprit » conservé pourrait être transféré dans un corps d'emprunt (un « avatar ») dans lequel il continuerait de penser, de ressentir, de se souvenir... Ces futurologues placent leurs espoirs dans les progrès de l'informatique et des sciences du cerveau. Il est vrai qu'on espère un jour cartographier entièrement le fonctionnement d'un cerveau, c'est-à-dire comprendre la manière dont l'information circule entre les milliards de neurones connectés les uns aux autres. Mais le cerveau est extrêmement complexe : les échanges entre les neurones forment un réseau quasiment infini, que l'on peut comparer à l'immensité de l'Univers. L'idée de le « télécharger » ou de le « copier » sur un ordinateur relève de la science-fiction. Autant dire que l'immortalité n'est pas à portée de main. Et même si elle l'était, serait-elle désirable ? La beauté de la vie ne réside-t-elle pas dans le fait qu'elle est courte ? Mais c'est là un autre sujet, philosophique ou religieux.

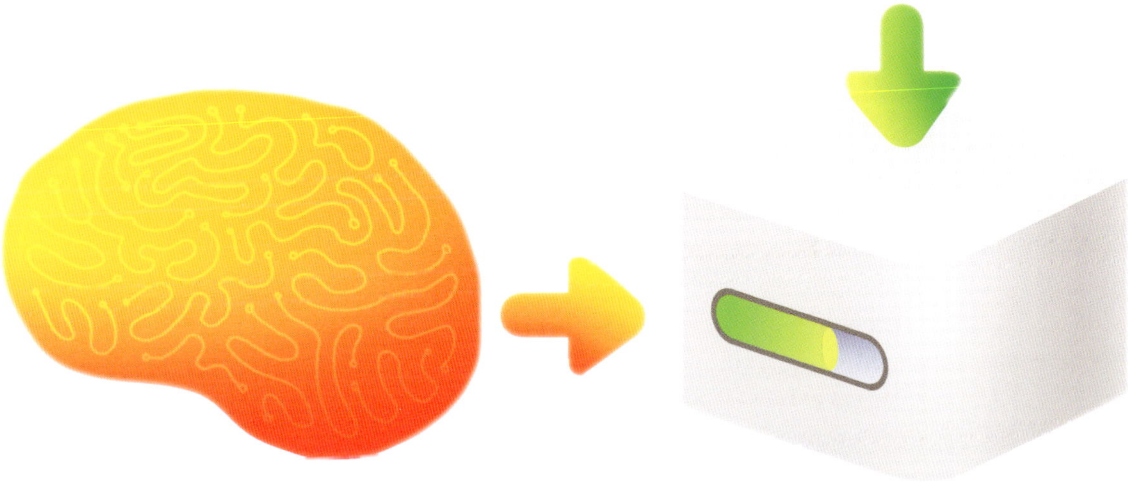

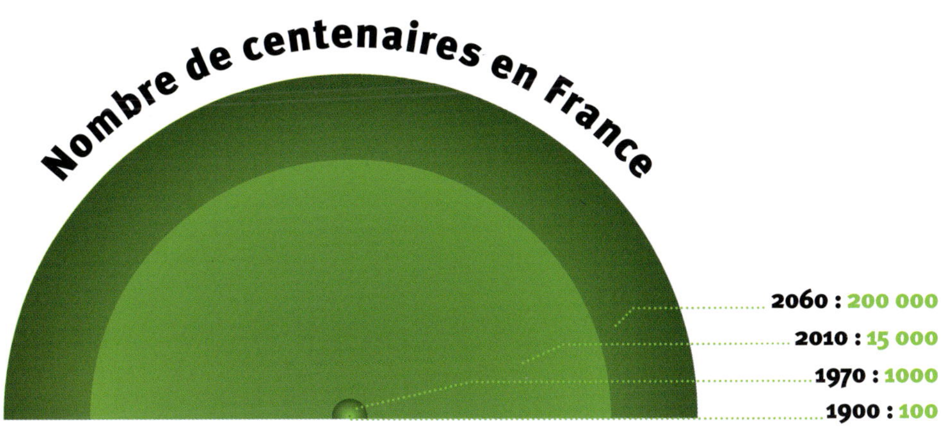

GUERRE ET PAIX EN 2050

VIVRONS-NOUS EN PAIX AU XXIE SIÈCLE ? (1)

Dans le futur, de nouveaux périls risquent de prendre de l'ampleur : terrorisme, cyberattaques, menaces chimiques ou bactériologiques... Pourtant, l'avenir n'est pas si sombre. La paix progresse déjà. Et on peut raisonnablement espérer que le XXIe siècle soit moins conflictuel que le précédent.

La paix est fragile. Le monde n'a pas connu de conflit généralisé, comme la Première ou la Seconde Guerre mondiale, depuis plus d'un demi-siècle. Mais, dans de nombreux pays, la guerre fait encore partie de la vie quotidienne des populations. Que ce soit en Afghanistan, en Irak, en Libye, en Syrie, ou encore au Mali, les conflits armés ont été nombreux ces dernières années à faire la Une de l'actualité. En 2012, on en recensait au total pas moins de 96 dans le monde, dont 18 guerres très intenses *.

Cependant, la guerre a changé de nature depuis le XXe siècle. Les conflits de notre époque se déroulent plutôt à l'intérieur des États qu'entre deux pays frontaliers. Au XXe siècle, la guerre opposait par exemple le Japon à la Chine, l'Allemagne à la France... La guerre du XXIe siècle confronte plus souvent des civils entre eux, au sein d'un même pays, ou bien un État contre une organisation sans drapeau, comme par exemple les États-Unis contre les terroristes d'al-Qaida cachés en Afghanistan. Avant, les victimes de guerre étaient surtout des soldats.

Source : Heidelberg Institute for International Conflict Research (HIICR), Conflict Barometer 2012.

Aujourd'hui, 90 % des victimes sont des civils. Les enfants souffrent particulièrement des conflits. Ils subissent la violence des adultes et sont parfois eux-mêmes enrôlés dans les armées : on estime qu'il y a environ 300 000 enfants-soldats dans le monde, notamment impliqués dans de nombreux conflits en Afrique.

Même les pays qui ne connaissent pas de guerre sur leur territoire, comme la France, l'Allemagne ou les États-Unis, sont aujourd'hui exposés à une menace permanente : le terrorisme international. Le XXIe siècle a ainsi commencé avec les attentats terrifiants du 11 septembre 2001, qui ont causé la mort d'environ 3 000 personnes aux États-Unis. Le terrorisme est une action armée qui est menée, souvent contre un État, par des individus qui veulent imposer aux autres leurs idées par la violence. Aujourd'hui, le terrorisme s'apparente à une nouvelle forme de guerre, qui oppose aux États des ennemis invisibles, dissimulés, qui peuvent frapper partout à tout moment, dans les rues, les gares, les immeubles... La menace terroriste n'est pas près de disparaître. Dans l'avenir, elle risque même de se doter de nouveaux moyens. Il est à craindre que les terroristes de l'avenir parviennent à faire encore plus de dégâts.

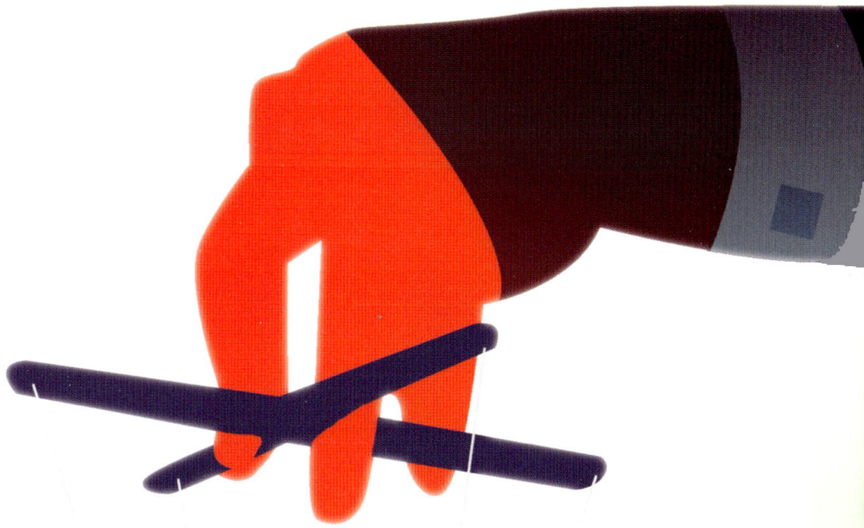

Jusqu'à présent, aucun ne s'est servi d'une arme nucléaire. Heureusement, cette arme terrible n'est pas facile à fabriquer, et les États qui la possèdent la surveillent de près. Mais l'idée qu'une bombe atomique soit un jour utilisée par des terroristes n'est pas impossible. D'autres armes inquiétantes pourraient encore plus facilement tomber entre les mains d'individus ou d'organisations terroristes. La diffusion volontaire d'un microbe très dangereux, par exemple, pourrait causer une épidémie meurtrière. Il existe aussi des produits chimiques, sans odeur ou sans goût, qui pourraient faire des ravages s'ils étaient déversés dans le réseau d'eau courante d'une ville et bus par des millions de personnes. Ces armes, appelées bactériologiques et chimiques, feront malheureusement sans doute parler d'elles dans l'avenir.

VIVRONS-NOUS EN PAIX AU XXIᴱ SIÈCLE ? (2)

Le réchauffement climatique risque aussi de créer des tensions dans certaines régions du monde et de provoquer des conflits. Par exemple, les terres agricoles fertiles pourraient être de plus en plus rares en Afrique, si la sécheresse s'aggrave sur le continent. Or, la population va beaucoup augmenter et aura besoin de terres pour se nourrir. L'accès à l'eau potable est aussi difficile pour certaines populations et pourrait être un motif de tensions dans l'avenir.

Mais malgré tous ces périls, il y a des raisons d'espérer que le monde de demain soit plus en paix que celui que nous connaissons. Le continent européen a connu des conflits meurtriers dans les années 1990 (notamment en Bosnie-Herzégovine entre 1992 et 1995). Mais les pays appartenant à l'Union européenne (UE) traversent la plus longue période de paix de leur histoire. L'UE a même été récompensée par le prix Nobel de la paix en 2012, pour avoir fait de l'Europe un continent de paix. Statistiquement, les guerres sont aussi moins nombreuses dans le monde. Le nombre de conflits « intenses », c'est-à-dire responsables de la mort de plus de 1000 personnes, a diminué de moitié depuis les années 1980*.

Les conflits font partie de la vie des êtres humains et il serait illusoire de croire qu'ils pourraient tous disparaître dans l'avenir. Mais, malgré les drames terribles qui ont lieu dans certains pays, le monde n'est pas plus conflictuel aujourd'hui que dans le passé. Le péril d'une guerre mondiale, par exemple, est devenu très improbable. Il faut espérer désormais que la paix progresse dans le monde comme elle a progressé en Europe au cours des dernières décennies. La paix universelle dépend notamment de la résolution de conflits dans certains « points chauds » du globe. Si les Israéliens et les Palestiniens, qui s'opposent depuis plus de 60 ans, parviennent par exemple à s'entendre, la planète entière connaîtra le soulagement.

*Source : *Human Security Report*, 2012.

La cyberguerre aura-t-elle lieu ?

En 2007, l'Estonie, un pays d'Europe de l'Est, a été victime d'une attaque informatique de grande ampleur. Les sites Internet de nombreuses institutions, le gouvernement, les partis politiques, les banques, se sont trouvés soudain paralysés. Les numéros des urgences médicales sont même restés injoignables pendant plusieurs heures. Comme l'Estonie, la plupart des pays modernes dépendent de plus en plus de leurs systèmes informatiques. Si ces systèmes sont paralysés, par exemple à cause d'un virus, tout le pays peut se retrouver désorganisé. La distribution d'électricité, l'eau, les hôpitaux, la police... Tous ces services vitaux pour le fonctionnement d'un État doivent désormais protéger leurs réseaux informatiques et se préparer à d'éventuelles attaques. Car Internet est aussi devenu un terrain de bataille. Les criminels et les organisations terroristes peuvent aujourd'hui utiliser un virus, par exemple, comme une arme terrible. Dans l'avenir, les attaques informatiques seront sans doute fréquentes. Et les États devront se doter de moyens toujours plus perfectionné pour s'en protéger et traquer les pirates sur Internet. La bataille virtuelle ne fait que commencer.

L'ARMÉE DU FUTUR

À quoi ressemblera l'armée du futur ? Sera-t-elle composée de robots, de soldats invisibles et d'insectes espions ? Tour d'horizon de quelques pistes d'avenir dans le domaine militaire, qui font déjà l'objet d'expérimentations.

Des armées de robots ?

L'armée américaine utilise déjà des drones, c'est-à-dire des avions sans pilotes, qui sont capables d'attaquer à l'autre bout du monde tout en étant dirigés depuis une salle de contrôle située aux États-Unis. Des robots pilotés à distance sont également capables de transporter du matériel, de s'introduire dans des zones dangereuses pour faire de la reconnaissance (grâce à des caméras). L'armée de demain sera-t-elle entièrement composée de soldats-robots ? Cela permettrait d'épargner la vie de nombreux soldats. Mais le problème, c'est que la guerre assistée par la technologie deviendrait de plus en plus virtuelle. Confortablement installés devant des écrans, les soldats, dirigeant des machines de guerre à distance, risqueraient de confondre de plus en plus la réalité avec un terrifiant jeu vidéo, en oubliant qu'ils jouent avec la vie de leurs ennemis.

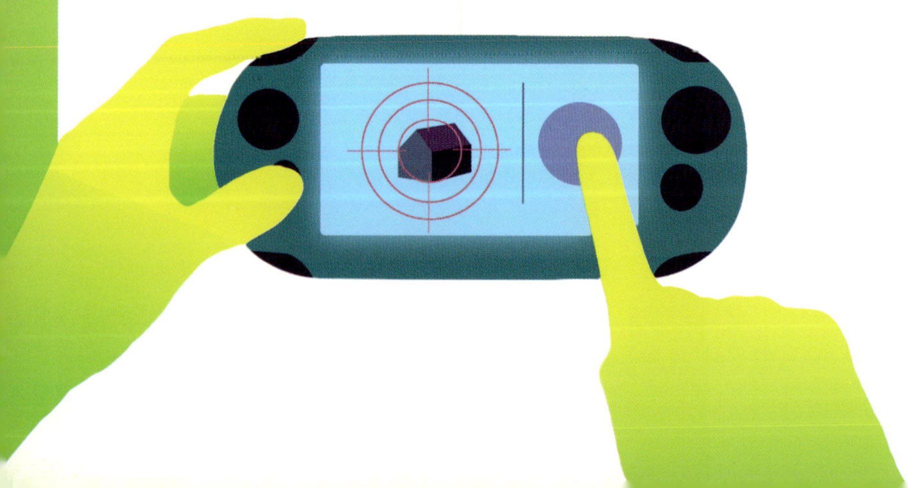

Des insectes espions

L'armée américaine cherche à mettre au point des mouchards ultra discrets : des insectes téléguidés. En implantant une puce électronique dans le système nerveux d'un papillon ou d'un moustique, on peut contrôler ses mouvements par impulsions électriques : l'insecte décolle et va se poser à l'endroit souhaité. Si l'on parvient ensuite à l'équiper d'une caméra ou d'un micro miniature, la moindre mouche peut se transformer en un espion d'une discrétion absolument redoutable.

Des soldats congelés

Lorsqu'un individu est blessé sur un champ de bataille, chaque minute compte. Le temps du transport à l'hôpital, il est parfois déjà trop tard. Les soldats du futur bénéficieront peut-être d'un peu plus de répit. En cas de blessure grave, leur corps pourrait bien être « gelé » de manière à éviter de subir des dégâts irréversibles avant d'être soigné. Des médecins américains estiment qu'en abaissant la température du corps d'un homme de 37 °C (la température normale du corps humain) à 10 °C, on ralentirait les dommages causés aux organes vitaux par une blessure. Un blessé grave pourrait ainsi survivre, dans un état de congélation, plusieurs heures au lieu de quelques minutes. Ce délai, en permettant de retarder le transport dans un centre de soins, sauverait plus de soldats lors du combat.

Une armée invisible ?

Fini le camouflage ! Les armées du futur pourront peut-être se déplacer de la manière la plus discrète qui soit : en se rendant invisibles. C'est en tout cas le projet fou de l'armée américaine (encore elle !), qui travaille avec une entreprise canadienne à fabriquer une « cape d'invisibilité ». L'idée n'a rien de fantaisiste. En effet, pour distinguer ce qui nous entoure, nos yeux analysent la lumière. Le principe de cette cape d'invisibilité consiste à détourner la lumière qui frappe un objet pour donner l'illusion qu'il n'existe pas : seul apparaît le décor derrière lui. Le détail de son fonctionnement est gardé jalousement secret. Dotée d'une telle technologie, une armée pourrait camoufler non seulement ses soldats, mais aussi son matériel, ses voitures, ses tanks... Les guerres de l'avenir pourraient ainsi se livrer entre des combattants invisibles à l'œil nu !

Base lunaire développée à partir d'une imprimante 3D
© ESA/Foster + Partners

EN ROUTE POUR L'UNIVERS

ON A MARCHÉ SUR MARS !

30 août 2082. Ella a maintenant 43 ans. Elle est devenue une scientifique renommée, spécialisée dans l'exploration des planètes proches de la Terre. Aujourd'hui est un grand jour dans sa vie. Elle s'apprête à s'envoler pour un voyage extraordinaire, qui va durer plus de 2 ans. Destination : Mars.

Pour la première fois, un équipage de cinq personnes, deux scientifiques, deux mécaniciens et un médecin, va découvrir la planète rouge, qui fascine les êtres humains depuis l'Antiquité. Mars est l'une des planètes les plus proches de la Terre, mais bien qu'elle ait été très largement explorée par des robots, elle n'a jamais reçu la visite d'un être humain jusqu'à cette année 2082. En effet, le voyage est excessivement cher. Et il a fallu attendre jusque-là pour que des États et des entreprises privées décident de payer le prix pour ce voyage extraordinaire.

La date du 30 août 2082 a été choisie parce qu'elle correspond au moment où Mars est le plus proche de la Terre : « seulement » 55 millions de kilomètres. En effet, les deux planètes tournent autour du Soleil, et elles sont parfois sept fois plus éloignées. Si le lancement échoue ce jour-là, il faudra attendre des années pour retrouver des conditions aussi favorables.

La fusée décolle de la base de Kourou, en Guyane française (Amérique du Sud) à la vitesse vertigineuse de 11 kilomètres/seconde, soit environ 40 000 kilomètres/heure. C'est la vitesse nécessaire pour s'arracher à l'attraction terrestre et atteindre l'espace. Le voyage va ensuite durer plus de 6 mois, au cours desquels les quelques membres de l'équipage devront vivre dans l'atmosphère confinée d'un vaisseau spatial de petite taille. Coupés du monde, ils ne pourront communiquer avec la Terre que moyennant un délai qui peut atteindre 20 minutes. Et en cas de gros problème, ils seront livrés à eux-mêmes car retourner vers la Terre prendrait plusieurs mois. C'est pourquoi un médecin et des mécaniciens participent au voyage. Tous ont reçu un entraînement très important, notamment pour supporter l'enfermement... et la vie commune avec leurs collègues !

L'atterrissage est un moment stressant et à haut risque. Mais une fois sur place : quel spectacle ! Le sol desséché de cette planète sans vie, où la température glaciale peut descendre à -80 °C la nuit, ressemble à celui de la Lune mais avec des cratères rouges. Les astronautes doivent porter une combinaison en permanence, car la pression atmosphérique est très faible sur Mars, ce que le corps humain ne pourrait pas supporter. Il leur faut aussi se prémunir des tempêtes de poussière, courantes sur Mars. Sur place, une usine qui a été envoyée 2 ans auparavant dans un précédent vaisseau automatique les attend : cette usine fabrique du carbu-

rant pour le trajet du retour, et surtout de l'oxygène indispensable à un long séjour sur place, car l'atmosphère de Mars n'en contient pas.

En 2082, la planète rouge est déjà bien connue, grâce à tous les robots envoyés au cours de précédentes missions qui ont permis de l'explorer sous toutes ses coutures. Ella et ses collègues ont pour objectif de parfaire les connaissances des scientifiques sur la planète et surtout de construire une base qui permettra d'accueillir de futurs astronautes pour de plus longs séjours. Les hommes auront désormais une petite maison sur Mars ! Après un séjour de plus d'un an de travail intense, ils prendront le chemin du retour pour un nouveau voyage d'encore 6 mois.

CONNAÎTRONS-NOUS L'UNIVERS ?

Lorsqu'un homme a posé le pied sur la Lune pour la première fois en 1969, le monde entier s'est mis à rêver que l'humanité partirait bientôt à la découverte de l'Univers. Près de 50 ans plus tard, la conquête de l'espace n'est pas beaucoup plus avancée ! L'homme est reparti plusieurs fois sur la Lune, mais jamais plus loin.

Pourtant, l'aventure spatiale a fait des progrès. Autour de la Terre gravitent aujourd'hui des milliers de satellites, qui jouent un rôle important dans notre vie quotidienne. Sans eux, il n'y aurait ni téléphone mobile, ni GPS... Une station spatiale internationale est aussi habitée en permanence par plusieurs scientifiques. L'espace proche de la Terre est aujourd'hui bien connu. Nous avons même malheureusement commencé à le polluer. Des centaines de milliers de débris abandonnés, morceaux de fusées ou de satellites notamment, gravitent aussi autour de notre planète.

Mais pourquoi ne sommes-nous pas allés plus loin, au moins jusqu'aux autres planètes du système solaire comme Mars ou Jupiter ? En réalité, nous avons envoyé des machines et des robots pour les explorer, prendre des photos... Plusieurs engins ont visité Mars, comme le rover (une sorte de véhicule automatique) Curiosity qui s'est posé sur la planète rouge en 2012. En 2004, la sonde (engin spatial automatique) Voyager 1 a même dépassé les limites du système solaire, et on estime qu'elle devrait atteindre pour la première fois une autre étoile que le Soleil... dans environ 40 000 ans. Les distances dans l'espace sont tellement gigantesques qu'il est difficile de s'aventurer au-delà de nos planètes les plus voisines. L'Univers est composé de galaxies, qui sont des amas de centaines de milliards d'étoiles. Autour de certaines étoiles, comme le Soleil, tournent des planètes : c'est ce qu'on appelle un système planétaire. Le système planétaire le plus proche de nous est situé à plus de 4 années-lumière (environ 40 000 milliards de kilomètres). Cela signifie qu'il faudrait au minimum 4 années de trajet pour s'y rendre, en se déplaçant à la vitesse maximale possible dans l'Univers, celle de la lumière, soit environ 300 000 kilomètres/seconde. Voyager aussi vite paraît rigoureusement impossible. Et, quand bien même nous en serions capables, nous n'irions de toute façon pas bien loin... Pour atteindre une autre galaxie que la nôtre (la Voie Lactée), il faudrait compter 2,5 millions d'années !

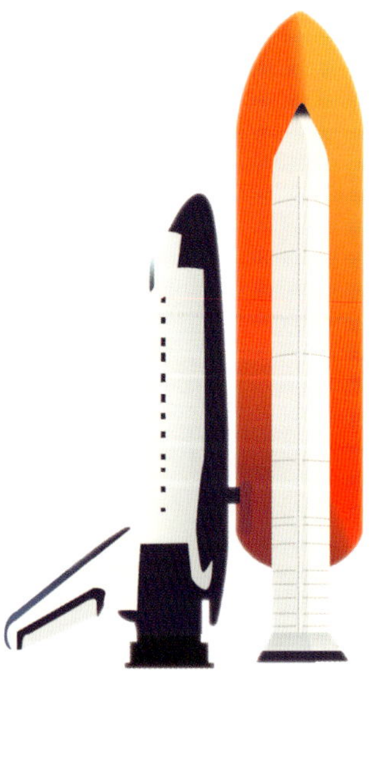

L'Univers est sans doute composé de centaines de milliards de galaxies, et on ne sait même pas s'il n'est pas infini... Autant dire que le visiter restera toujours inaccessible aux hommes. En revanche, on peut rêver dans l'avenir de mieux connaître le système solaire. Une base permanente sera peut-être installée sur la Lune. Malgré le coût faramineux d'une telle aventure, l'homme posera peut-être le pied sur Mars au XXIe siècle.

Mais il est plus facile d'explorer l'espace avec des robots qu'en envoyant des hommes. Et c'est moins dangereux. C'est pourquoi ce sont surtout des machines qui continueront de visiter l'univers. Ces robots seront d'ailleurs sans doute de plus en plus... petits ! En effet, l'une des pistes qui permettrait d'accélérer la rapidité des missions spatiales serait de fabriquer des sondes de taille microscopique, qui pourraient êtres envoyées par milliers, comme un essaim d'insectes, pour découvrir à notre place des horizons lointains et mystérieux.

L'Univers (taille inconnue)
est composé de centaines de milliards de galaxies.

Notre galaxie, la Voie lactée,

est composée de centaines de milliards d'étoiles (environ 300 milliards). La galaxie la plus proche de la nôtre, la galaxie d'Andromède, est située à 2,5 millions d'années-lumière.

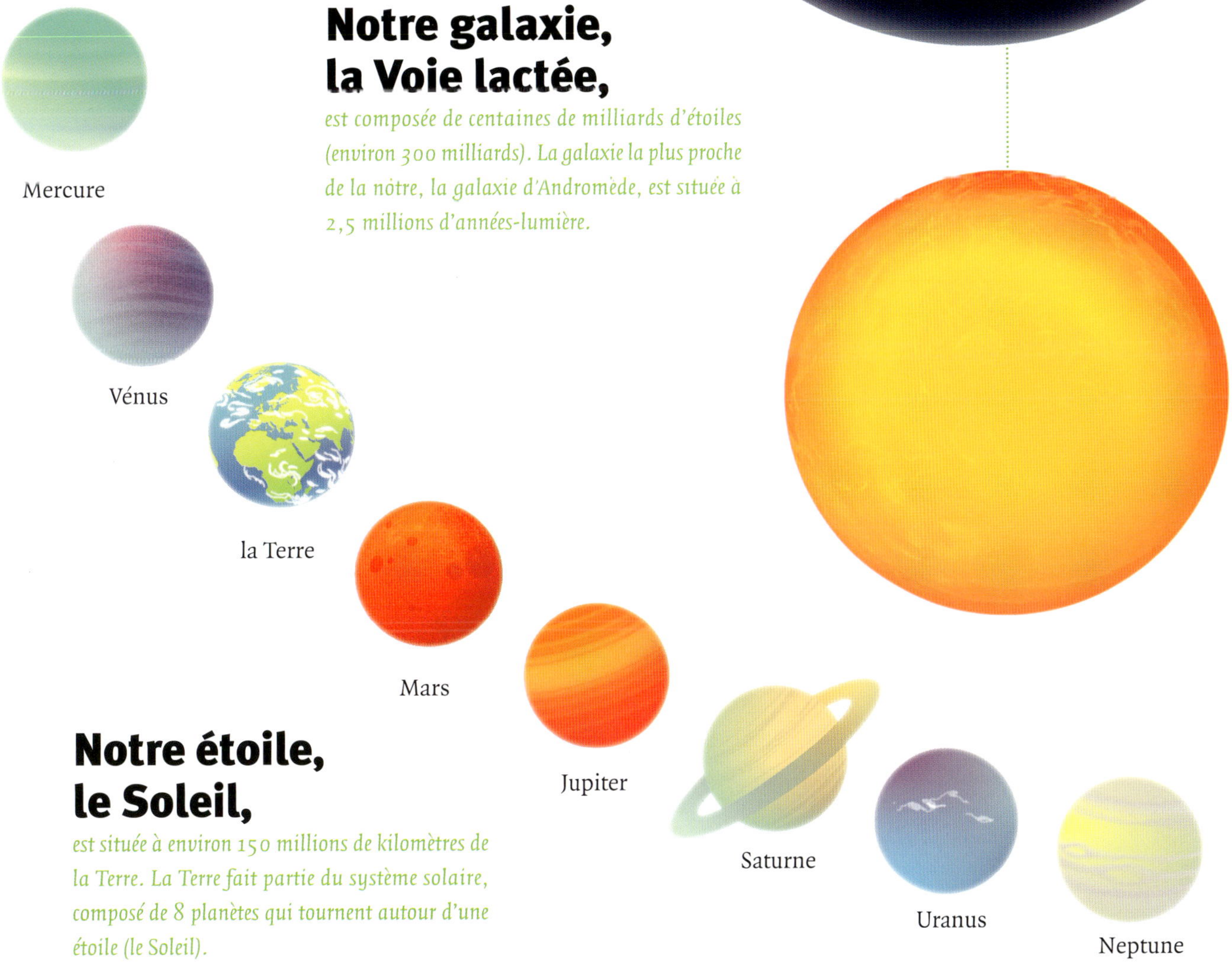

Notre étoile, le Soleil,

est située à environ 150 millions de kilomètres de la Terre. La Terre fait partie du système solaire, composé de 8 planètes qui tournent autour d'une étoile (le Soleil).

2100 : UNE RENCONTRE AVEC DES EXTRATERRESTRES ?

Depuis toujours, les hommes se demandent s'ils sont seuls dans l'Univers. Qui n'a jamais rêvé de rencontrer un jour des extraterrestres ? À l'heure actuelle, aucune forme de vie n'a été décelée ailleurs que sur la Terre. Mais demain ?

Les débuts de l'exploration spatiale, au XXe siècle, ont donné aux Terriens un sentiment de grande solitude. La Lune, Mars, Vénus... tous les astres qui nous entourent se sont révélés bien vides et inhospitaliers. Alors que certains rêvaient de serrer un jour la main à des Martiens, nous avons découvert que nous n'avons pas de voisins. Malgré tous nos efforts pour connaître l'Univers, les étoiles sont toujours aussi silencieuses pour nous que pour nos ancêtres. La Terre semble une oasis de vie au milieu d'un désert.

Faut-il en conclure pour autant que la vie n'existe que sur la Terre ? L'Univers ne se réduit pas à la banlieue de notre petite planète. Il est si grand que rien ne permet d'affirmer qu'il n'existe pas, quelque part dans le lointain, d'autres formes de vie que la nôtre. Le rêve ne s'est pas éteint et l'humanité continue de chercher à détecter la présence d'extraterrestres. Depuis les années 1960, d'immenses radiotélescopes (qui ressemblent à des antennes paraboliques) sont installés dans le monde pour capter les ondes qui proviennent de l'espace. Ces appareils espèrent en particulier détecter les signes d'une civilisation vivante sur une autre planète que la Terre.

Jusqu'à présent, ces « oreilles » géantes n'ont repéré aucun indice d'extraterrestres. Mais la découverte récente d'exoplanètes a relancé l'espoir. Les exoplanètes sont des planètes semblables à la Terre et ses voisines, mais qui gravitent autour d'une autre étoile que le Soleil. Depuis les années 1990, on a découvert plus de 800 planètes de ce genre, dont une cinquantaine pourrait abriter une forme de vie. Car, pour que la vie se développe sur une planète, il faut qu'elle soit habitable ! La Terre est située à une distance idéale de son étoile, le Soleil, de sorte que la température n'est ni trop chaude ni trop froide. Ainsi, l'eau existe à l'état liquide (et pas seulement sous forme gelée ou gazeuse), ce qui est l'une des conditions indispensables pour que la vie puisse apparaître et se développer.

Dans tous les cas, si les extraterrestres existent, ils habitent loin d'ici ! L'exoplanète

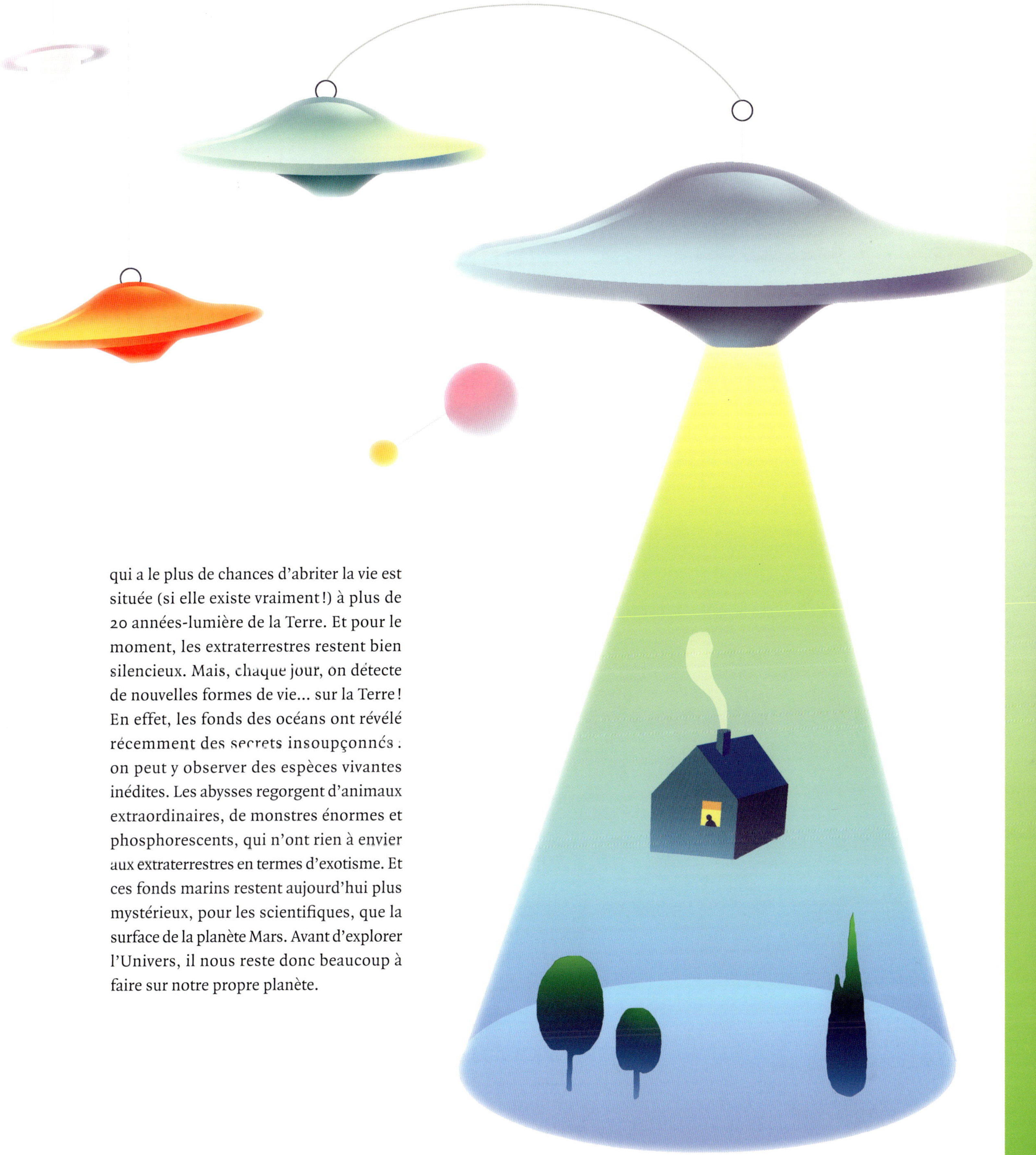

qui a le plus de chances d'abriter la vie est située (si elle existe vraiment !) à plus de 20 années-lumière de la Terre. Et pour le moment, les extraterrestres restent bien silencieux. Mais, chaque jour, on détecte de nouvelles formes de vie... sur la Terre ! En effet, les fonds des océans ont révélé récemment des secrets insoupçonnés : on peut y observer des espèces vivantes inédites. Les abysses regorgent d'animaux extraordinaires, de monstres énormes et phosphorescents, qui n'ont rien à envier aux extraterrestres en termes d'exotisme. Et ces fonds marins restent aujourd'hui plus mystérieux, pour les scientifiques, que la surface de la planète Mars. Avant d'explorer l'Univers, il nous reste donc beaucoup à faire sur notre propre planète.

CAJANEK
HASEK
Referee
JAGR
68

LA TERRE, MON VILLAGE

VERS UN MONDE PLUS UNI ?

Avec Internet et la vitesse des moyens de transport, on a parfois l'impression que la Terre est de plus en plus… petite ! Mais est-elle plus unie ? Peut-on imaginer un jour une planète sans frontières, où tous les humains soient rassemblés dans un seul et même pays ?

En 1945, à la fin de la Seconde Guerre mondiale, les pays du monde ont décidé de mieux s'organiser pour favoriser la paix dans l'avenir. Ensemble, ils ont donné naissance à l'Organisation des Nations unies (ONU), qui rassemble aujourd'hui quasiment tous les pays de la planète. Cette organisation a pour objectif de favoriser la discussion entre les États, pour éviter les conflits et pour s'accorder sur des règles internationales que tous les pays sont censés respecter. Mais les frontières entre les États n'ont pas disparu pour autant. L'ONU n'est pas un gouvernement mondial.

Aujourd'hui, la rapidité des transports et des communications, notamment grâce à Internet, donne parfois le sentiment que la Terre s'est rétrécie. Elle ressemble à un village. Il suffit de quelques heures pour en faire le tour en avion. Et, avec une simple connexion à Internet, il est très facile de discuter avec un Japonais ou un Kenyan, depuis son bureau de Londres ou de Mexico. Le commerce international, les échanges de marchandises dans le monde entier, ont aussi rapproché les hommes. Et le mode de vie des Chinois ou des Brésiliens n'est pas si différent de celui des Italiens ou des Américains.

Alors pourquoi existe-t-il toujours des pays séparés par des frontières, en compétition les uns contre les autres, et parfois même en conflit ? Ne vaudrait-il pas mieux que le monde ne soit plus qu'un seul et même pays, dirigé par un gouvernement commun ?

Ce rêve d'unité de la planète est un peu illusoire. En effet, un gouvernement mondial supposerait que tous les Terriens aient la volonté de vivre ensemble. Car partager le même gouvernement, c'est partager un destin commun, choisir d'aller dans la même direction. Les Français ont le sentiment d'appartenir à une communauté : ils parlent la même langue, ils ont une culture commune. Il en est de même pour les Espagnols, les Argentins, les Sénégalais… Pour que tous les humains s'unissent dans un même pays, il faudrait qu'ils aient le sentiment d'appartenir à la même famille, ce qui risque de prendre beaucoup de temps.

Certains états ont néanmoins choisi de se rapprocher pour essayer de s'unir. C'est le cas des pays de l'Union européenne qui ont décidé de s'associer, mais seulement en partie. Il existe d'autres associations de pays dans le monde, entre des États africains, asiatiques ou d'Amérique du Sud, mais elles sont moins soudées que l'Union européenne. Dans l'avenir, d'autres pays pourraient être tentés de resserrer leurs liens ou de s'unir afin de faire mieux entendre leur voix et de mieux défendre leurs intérêts dans le monde. Car chacun sait que l'union fait la force.

Quel sera le pays le plus puissant dans le futur ?

Au cours des 20 dernières années, les États-Unis ont largement dominé le monde de leur puissance économique, militaire, technologique... Dans l'avenir, ils resteront l'un des pays les plus puissants du monde. Mais la Chine va bientôt les dépasser sur le plan économique : vers 2020, elle deviendra la première puissance économique du monde. En 2050, elle devrait à son tour être dépassée par un autre grand pays d'avenir : l'Inde.

VERS UN MONDE PLUS SOLIDAIRE ?

Jamais l'humanité n'a été aussi prospère qu'aujourd'hui. Il suffit de parcourir les rayons d'un supermarché en Europe pour mesurer à quel point nous vivons dans l'abondance. Mais nous savons aussi qu'une grande partie du monde ne profite pas du même confort que nous. Et demain ? Serons-nous plus solidaires ?

Les richesses sont très inégalement réparties entre les hommes. Les pays riches ressemblent à des îlots de luxe au milieu d'un océan de pauvreté. Aujourd'hui, plus d'un quart de la population de la planète vit dans une grande misère. Un milliard de personnes manque de nourriture. Et même à l'intérieur des pays riches, les inégalités sont souvent très grandes. Aux États-Unis, le pays le plus riche du monde, près de 30 millions de personnes ne survivent que grâce à des aides alimentaires.

Et dans l'avenir ? La pauvreté va-t-elle reculer ? Il y a des raisons de l'espérer. En effet, dans l'ensemble, au cours des dernières décennies, le monde s'est enrichi. Près de la moitié de la population de la planète vivait avec moins d'un euro par jour il y a 30 ans, contre environ 20 % aujourd'hui. Certains pays ont fait de tels progrès qu'une grande partie de leur population est sortie de l'extrême pauvreté. C'est le cas de la Chine, par exemple. La croissance économique impressionnante de ce pays géant n'a pas profité à toute sa population, loin s'en faut. Mais, il y a seulement quelques décennies, la population chinoise souffrait encore trop souvent de la faim. Aujourd'hui, la misère est moins répandue.

L'Asie, de manière générale, a beaucoup progressé. Mais, dans d'autres régions du monde, la pauvreté tarde à reculer. En Afrique, notamment, de nombreux pays souffrent d'une grande pauvreté. Néanmoins, le continent a des atouts pour l'avenir, notamment une population jeune, ce qui est très important pour le développement économique. Le XXIe siècle sera sans doute celui du réveil de l'Afrique, qui pourrait connaître, comme l'Asie ces dernières années, un « boom » économique.

Mais la croissance économique ne suffira pas. Le XXIe siècle sera aussi le siècle de la rareté : les ressources de la Terre sont limitées. Certaines commencent déjà à s'épuiser, comme le pétrole. L'énergie, l'eau, les forêts, les terres agricoles... Toutes ces ressources ne sont pas inépuisables. Or, la population augmente : nous serons 2 milliards de Terriens de plus en 2050. Si toute la population de la planète vivait à la manière d'un Européen ou d'un Américain, la Terre ne pourrait supporter que 700 millions d'habitants (soit 10 fois moins qu'aujourd'hui). Il est donc non seulement urgent, mais indispensable, de mieux partager les ressources de la Terre. La solidarité est vitale pour assurer l'avenir de l'humanité.

Nous n'avons qu'une seule Terre

Dans les pays riches, comme en Europe, nous consommons trop de ressources. Nous utilisons beaucoup d'eau, d'électricité, de pétrole... Nous gaspillons aussi beaucoup de nourriture. Or, de plus en plus, d'autres pays du monde adoptent le même mode de vie que le nôtre : les Chinois, les Indiens, les Brésiliens... À mesure que ces pays se développent, les populations s'équipent de voitures, achètent des logements plus grands, consomment plus de viande. Et c'est bien normal ! Le problème, c'est que les ressources de la Terre s'essoufflent vite. Au rythme actuel, on a calculé que si tout le monde vivait comme les Européens, il nous faudrait disposer de trois planètes Terre ! Or, malheureusement, il n'existe aucun espoir que nous parvenions à coloniser une autre planète pour subvenir à nos besoins. Nous n'avons que la Terre ! Il est donc nécessaire de consommer et de gaspiller moins.

VERS UN MONDE PLUS LIBRE ?

Dans de trop nombreux pays du monde, les humains ne sont pas libres de faire, de dire, d'écrire ce qu'ils veulent... Ces pays sont des dictatures. La liberté va-t-elle progresser dans le futur ? C'est sans doute le plus précieux des rêves que l'on peut faire pour l'avenir.

La liberté est la plus grande des richesses. À quoi sert de posséder les technologies les plus performantes, de pouvoir vivre jusqu'à 120 ans ou d'explorer l'espace... si on n'a pas le droit de se déplacer librement ou de dire ce que l'on pense ! Vu depuis l'Europe, cela paraît évident. Mais, dans de nombreux pays du monde, même très développés, la liberté est restreinte. En Russie, en Chine ou en Iran, qui sont pourtant des pays modernes, des personnes sont parfois emprisonnées simplement parce qu'elles ont exprimé leur désaccord avec les hommes politiques au pouvoir. La presse est souvent censurée, l'accès à Internet est contrôlé, les manifestations parfois violemment réprimées. En Corée du Nord, l'une des dictatures les plus dures du monde, la population n'a aucun contact avec le monde extérieur et ne peut pas quitter le pays.

Les dictatures vont-elles disparaître un jour ? Ces dernières années, de nombreuses populations se sont révoltées contre des dirigeants autoritaires, pour conquérir plus de liberté. En 2010 et 2011, plusieurs pays arabes comme la Tunisie, l'Égypte, la Libye ont chassé leurs dictateurs. Les peuples de ces pays ont manifesté, parfois au péril de leur vie. En Libye, la révolution s'est transformée en une véritable guerre civile. Ces révoltes, au nom de la liberté, ont donné l'espoir au monde entier que les dictatures soient vaincues, les unes après les autres. Mais, à l'heure où s'écrivent ces lignes, ces pays n'ont toujours pas réussi à mettre en place la démocratie, c'est-à-dire une organisation politique dans laquelle les citoyens choisissent leurs dirigeants librement. Et le risque existe que les anciens dictateurs soient remplacés par... de nouveaux dictateurs.

Le monde de demain sera-t-il vraiment plus libre ? Certains pensent que, dans le futur, le progrès des technologies de communication rendra la dictature quasiment impossible. Les patrons de Google, par exemple,

prédisent qu'il sera très difficile de dissimuler la vérité ou de restreindre la liberté d'expression dans le monde de demain, parce que Internet sera tellement développé qu'il sera toujours possible d'accéder à l'information partout. Déjà, les révolutionnaires tunisiens ou égyptiens de 2011 ont montré qu'en utilisant Twitter ou Facebook, il est possible de contourner la censure de la presse et de diffuser des informations interdites à des millions de personnes. Mais la technologie peut aussi, au contraire, se retourner contre la liberté. En effet, les dictateurs peuvent s'en servir pour contrôler la population, espionner les opposants, surveiller les journalistes... *(voir le chapitre 6 : Communiquer en 2050)*.

Rien n'est écrit à l'avance. Il n'est pas sûr que la démocratie s'impose dans tous les pays du monde. Même dans les États démocratiques, comme les pays européens, les libertés sont toujours fragiles et la dictature peut toujours revenir. Le monde de demain sera ce que les citoyens en font. S'ils sont vigilants, assoiffés de liberté, courageux et prêts à se battre pour elle, comme l'ont été les manifestants des pays arabes en 2011, alors la démocratie progressera. Mais la technologie à elle seule ne suffit pas à rendre les hommes plus libres.

Toutes les illustrations sont de Romain Trystram.
Toutes les photos proviennent de l'agence Shutterstock.com, sauf mention contraire.

p37 : © Victor Habbick ; p38-39 : © musicman ; p48-49 : © Pavel Ignatov ; p56-57 : © violetkaipa ; p64-65 : © kuppa (h), © Maciej Oleksy (b) ; p66-67 : © ra2studio ; p74-75 : © Africa Studio ; p82-83 : ©koya979 ; p100-101 : © riccardocova ; p103 : © Lipik ; p104 : © SergeyDV ; p105 : (h) © Meletios (b), © Burcu Arat Sup ; p107 : © Robert Voigh ; p111 : © Anchiy ; p119 : © Igor Petrov ; p135 : © Vladimir Wrangel.